Wilhelm Schmid

Den Tod überleben

Vom Umgang mit dem Unfassbaren

Insel Verlag

Umschlag unter Verwendung eines Entwurfs für dieses Buch von Barbara Ketterer, Berlin, 2023

Klimaneutral
Druckprodukt
ClimatePartner.com/14438-2110-1001

3. Auflage 2024

Erste Auflage 2024
Originalausgabe

Druck: CPI books GmbH, Leck
Printed in Germany
ISBN 978-3-458-64423-1

www.insel-verlag.de

Inhaltsverzeichnis

Vorwort

Meine Verblüffung war groß. Am Flughafen Berlin-Brandenburg (BER) passierte ich die Sicherheitsschleuse. Schlüssel, Geldbörse, Gürtel, Kleinkram aus Hemd- und Hosentaschen hatte ich vorschriftsmäßig in die separate Wanne gelegt. Der Detektor piepste dennoch. Der Sicherheitsmann hinter der Schleuse winkte mich zur Seite und begann, mich sorgfältig von Kopf bis Fuß abzutasten. Nichts. Da fiel ihm ein Scherz ein: »Haben Sie vielleicht eine Frau dabei?« »Hä? Was stellst du denn für Fragen?«, fuhr ihn seine danebenstehende Kollegin an. »Männergespräche!«, entschuldigte er sich. Ich lächelte ihm verschwörerisch zu.

Ahnte er etwas? Tatsächlich hatte ich meine Frau inständig gebeten, mit mir auf diese Reise zu gehen, die wir zwei Jahre zuvor unternehmen wollten. Es war nichts daraus geworden, sie sollte auf keinen Fall mehr fliegen, Hirnmetastasen. Ein Jahr später war sie tot. Wir hatten uns versprochen, zusammenzubleiben, »egal in welchem Aggregatzustand«, wie sie sagte. Dass wir uns in energetischer Form weiterhin nahe sind, spüre ich Tag für Tag, wo immer ich auch bin. Kann es sein, dass das an der Sicherheitsschleuse den Ausschlag gab? Schlug der Detektor an, weil da einer mit den Energien von zweien hindurchgegangen war?

Den Tod überleben, wie geht das? Das war die Frage, die sich mir stellte, als meine Frau in physischer Gestalt nicht mehr da war. Das ist die unmittelbare Herausforderung für den, der noch für eine Weile am Leben bleibt. Mir hilft seither am meisten das Gefühl, vollkommen von der besonderen Energie dieser wunderbaren Frau erfüllt zu sein. Unsere Liebe war so groß, dass sie mühelos den Tod überdauert. Schon als junges Liebespaar, das gemeinsam Latein lernte, begeisterte uns die alte Sentenz *Omnia vincit amor*, die Liebe besiegt alles. Also auch ihn. *Ihn?* Er wird gerne personalisiert, im Deutschen scheint der Tod männlich zu sein, im Französischen weiblich, *la mort*. Dabei handelt es sich eher um ein *Es*, ein Phänomen.

Eine beliebte Methode, den Tod zu überleben, besteht darin, nicht über ihn zu sprechen. Er ist zwar kein Tabu mehr, aber für viele einfach kein Thema. »Niemand spricht gerne darüber«, höre ich jemanden sagen. In einer Gesellschaft, die den Tod nicht mehr zu Gesicht bekommt, verschlägt er einem auch die Sprache. Und so heißt Leben, nicht an das Ende zu denken. *Don't mention the end.* Die meisten Menschen wollen nicht im Bewusstsein des Todes leben, sondern sich möglichst uneingeschränkt des Lebens freuen. Dagegen spricht nichts. Wichtiger als der Tod ist das Leben davor. Ein frohes, bewegtes, womöglich wild bewegtes Leben zu führen ist besser als ein tristes schon zu Lebzeiten. Ein gelegentlicher Wink vom Ende her ist dafür jedoch ein guter Ansporn. Das leistet jeder Tod, der auch nur halbwegs nahe kommt. Die Schockwelle, die er mit sich führt, rührt Gedanken an das eigene Ende auf, das doch nicht erwähnt werden sollte. Wenn ein Mensch, den man kannte, »gegangen« ist, stellen sich ganz von selbst Fragen: Was ist mit meinem eigenen Leben? Was kann daraus noch werden? Und was ist, wenn …? Ist es mir möglich, im vollen Bewusstsein des Todes das Leben zu lieben?

Menschlich gesehen ist der Tod eine Katastrophe, in der doppelten Bedeutung des Wortes: Etwas Schreckliches, das zugleich alles wendet. Manchen bringt er die ersehnte Erlösung von Schwermut, Schmerz und Leid. Einige sehen in ihm einen natürlichen Vorgang, der zu einer unbestimmten oder vorbestimmten Zeit ansteht. Viele halten ihn für eine schlimme Zumutung, die eigentlich abgeschafft werden muss. Wird es irgendwann möglich sein, den Tod tatsächlich zu überleben? Forschungsprogramme und pharmazeutische Entwicklungen zielen darauf, ihn hinauszuschieben und endlich ganz zu überwinden. Der sehnlichste Wunsch vieler, dass es ein Ende mit dem Ende haben möge, ginge damit in Erfüllung.
Aber auch das wirft Fragen auf: Was wird geschehen, wenn der Tod stirbt? Ist er entbehrlich? Wie kann sich das Leben dann noch erneuern? Stirbt, wenn der Nachschub aus dem Diesseits ausbleibt, das Jenseits aus? Sterben die Menschen aus, wenn sie den Tod überleben, aber an Langeweile zugrunde gehen? Bisher ähnelte das Leben einem Fußballspiel. Hatten sich Spieler und Spielerinnen

verausgabt, wurden sie vom Platz genommen, damit Andere mit unverbrauchten Kräften frische Impulse ins Spiel bringen konnten. Etwas Besseres zur Regeneration des Lebens hat noch niemand erfunden. Ein Leben ohne Tod könnte sich als Sackgasse der Evolution erweisen. Vorwürfe, dies sei eine »darwinistische« Sicht, kümmern die hier trainierende Natur nicht. Aus ihrer Sicht ist der Tod ein Erfolgsmodell.

Sollte er dennoch überwindbar sein, ist mit dem Blick aus *fernen Zeiten* eine Nostalgie des Todes denkbar: Wie einfach war doch das Leben damals, als es ihn noch gab. Zu irgendeiner Zeit kam er über die Menschen, egal um wen es sich handelte. Mit dem Blick aus *fernen Räumen* könnte sich zusätzlich die Frage aufdrängen, ob der irdische Tod eine Ausnahme im Kosmos darstellt. Sollte es verstreut in der Galaxie namens Milchstraße, der unser Sonnensystem zugehört, und noch weiter draußen im unendlichen Universum Leben auf anderen Planeten geben, wäre es spannend zu wissen, ob auch dieses Leben zeitlich begrenzt ist. Ist der Tod ein irdischer Sonderfall oder die kosmische Regel?

Einstweilen bleibt der Tod jedoch das Ende des Lebens für alle auf Erden. Niemand muss sich vordrängen. Jede und jeder ist mal dran. Alle werden gleichbehandelt. Ungleich fallen nur Zeit, Ort und Art des Todes aus. Meist kommt er zu früh und hinterlässt viel Leid. Freude ist selten. Manchmal mag er partout nicht eintreten, obwohl er hereingebeten wird. Er kann der Abschluss eines langen Prozesses sein, aber ein Leben auch abrupt abbrechen. Fast immer ist das Ende ein Drama, sowohl für den, der aus dem Leben scheidet, als auch für die, die zurückbleiben und noch lange mit diesem Tod zu leben haben. Kann das Drama abgemildert werden durch die Annahme, dass der Tod nicht wirklich das Ende des Lebens ist?
Das wäre eine weitere Variante, den Tod zu überleben. Davon werden Menschen umgetrieben, seit sie denken können: Wohin »geht« der Mensch, der geht? In ein anderes Leben? In eine andere Welt? Für meine Frau war Sterben ein Teil des Lebens, auf das fraglos ein anderes Leben folgt, in ihren Worten: »Abschied vom Erdenleben, Übergang in einen anderen Lebensabschnitt.« Sie antwortete

damit auf Fragen, die ihr im Rahmen einer Ausbildung zur ehrenamtlichen Hospizbegleiterin gestellt worden waren: »Tod existiert nur in den Augen des Betrachters und in Bezug auf das hiesige Leben.« Besonders wichtig und lebenswert sei ihr, »mit meinen Menschen« in Verbindung zu sein und diese Verbindung auch beim Verlassen der endlichen Dimension nicht zu verlieren.

Ihr Sterben hat meine Haltung zum Tod verändert. Lange hatte ich große Angst davor, dass mein Tod mich von ihr trennen würde. Von all dem Schönen, das das Leben zu bieten hat, war sie das Allerschönste für mich. Das sollte niemals enden. Es endete aber, und sie ging mir voraus. Ich weiß nun, wie es abläuft. Das Unfassbare habe ich aus nächster Nähe miterlebt. Näher kann der Tod nur noch kommen, wenn es mein eigener ist. Dann aber ist er die Brücke zu ihr. Habe ich selbst die Schwelle zu überschreiten, wartet in der anderen Dimension schon jemand, der mich freudig in Empfang nimmt. Sie wird da sein, auch wenn ich nicht genau weiß, wo das sein wird. »Sterben ist Übergang«, notierte sie vor ihrem Tod. Und wie wird das Leben in der anderen Dimension sein? »Es ist, was es ist, und ich weiß nicht, was es ist.«

1.
Wo ist meine Frau?

Gibt es menschliche Konstanten? Also Dinge im menschlichen Leben, die immer gleich bleiben? Vermutlich dies: Dass sich die meisten Menschen viel Glück im Leben und in der Liebe wünschen. Unglücklicherweise hält das Leben aber auch andere Konstanten bereit, etwa eine zeitliche Grenze. Insbesondere für Liebende ist das unendlich schmerzlich. Da ist kein Trost in der grenzenlosen Leere, die der Verlust des geliebten Menschen hinterlässt. Das Leben steht still. Alles ist nur noch Vergangenheit. Eine Zukunft ist uninteressant. So erging es auch mir, als meine Frau nach langer Krebserkrankung starb, immerhin zuhause, umgeben von den Kindern und mir, nach fast 40 gemeinsamen Jahren, erst 59 Jahre alt.

Was geschieht im Moment des Todes? Das ist absolut rätselhaft. Der Tod ist ein magischer Moment, unwirklich mächtig, zutiefst erschütternd. Er wirft Fragen auf, die keine Antwort finden. Was empfindet der Mensch, der stirbt? Was genau nimmt er oder sie noch wahr? Was ist seine oder ihre Erfahrung? Was daran ist neu? Das Gehör ist bis zuletzt aktiv. Bekam meine Frau noch mit, wie sehr wir weinten, als ihre Augen erloschen? »Augen, von denen niemand weiß, was sie noch sehen, werden zugedrückt, man hält dem Blick nicht stand, entsetzt sich, die Ewigkeit schaut einen an« (Ulla Berkéwicz, *Überlebnis*, 2008, 107).

Aus der Binnensicht des Menschen, der den Tod erfährt, fühlt sich dieser äußerste Moment womöglich ganz anders an als für die Zurückbleibenden. Er könnte der Erfahrung ähneln, nach der Liebende sich sehnen und die sie in manchen Momenten auch erlangen: Eine energetische Verschmelzung, ein göttliches Erlebnis, von alters her *Unio mystica* genannt. Der »kleine Tod« *(la petite mort)* der Liebesekstase könnte eine Vorahnung des großen Aktes sein, der der Tod selbst ist, der gewaltigste Moment des Lebens mit einem Hinausströmen des Ich aus sich, einer rauschhaften Auflösung des Lebens in dieser Gestalt. Diese ultimative Ekstase hat nicht mehr nur ein »Hinausstehen« (*ekstasis* im

Griechischen), sondern ein komplettes Hinausgehen aus sich und diesem Leben zur Folge.
Und was kommt danach? Wohin entschwindet der Mensch, wenn der Tod endgültig da ist? Welche Beziehung zu ihm ist dann noch möglich? Kann er wirklich tot sein? Wie ist der Zustand jenseits des biologischen Lebens vorstellbar? Ist es ein anderes Leben? Diese Fragen beschäftigen mich ohne Unterlass. Die einzige Antwort ist: Der Tod und das, was darauf folgt, sind vollkommen unfassbar. Eines Tages werde ich selbst, wie jeder Mensch, in das Rätsel hineingehen. Aber niemand wird je zurückkehren und darüber berichten. Eher sind Reisen zu fernen Sternen möglich, als dass dieses Geheimnis gelüftet werden könnte.
Mit meiner Frau habe ich oft überlegt, was den Toten vom Lebenden unterscheidet. Wir fanden vor allem dies: Die *Energien* sind nicht mehr im Körper. Nicht etwa geheimnisvolle, sondern gut bekannte Energieformen wie Wärme, verifizierbar durch bloße Berührung, und Elektrizität, messbar durch ein EKG, das die Herzstromkurven wiedergibt, sowie ein EEG, das die Spannungsschwan-

kungen der Hirnströme aufzeichnet. Bis nichts mehr messbar ist. Energie wäre somit das Wesentliche eines Menschen (und aller Wesen). Sie belebt den Körper. Entweicht sie aus ihm, ist das sein Tod. Nicht jedoch der Tod der Energie.

Energie kann ohne Ende in andere Energieformen umgewandelt, niemals vernichtet werden. Das besagt der Energieerhaltungssatz (1. Hauptsatz der Thermodynamik), den Hermann von Helmholtz 1847 nach Vorarbeit des Heilbronner Forschers Julius Robert Mayer für die Physik formulierte. Als Physiologe bezog Helmholtz diesen Satz auch auf Lebewesen, aus nachvollziehbaren Gründen: Biologie beruht auf Chemie, diese wiederum auf Physik. Was Energien für die Lebenspraxis und das persönliche Befinden bedeuten, weiß jeder Mensch, der im Februar die Frühlingssonne herbeisehnt.

Der Mensch stirbt, nicht jedoch seine Energie. Nichts geht verloren. Dass die Energie, die einen Menschen belebt, nach seinem Tod weiterhin da ist, muss nicht die letzte Wahrheit sein, hat aber viel Plausibilität für sich, nach heutigem Wissensstand. Das Gefühl, dass der oder die Verstorbene

»noch da ist«, kann also reale Gründe haben. Viele berichten von diesem Gefühl nach dem Tod eines nahestehenden Menschen: Dass dessen Energie noch im Raum schwebt, ohne genau lokalisierbar zu sein, unsichtbar und doch spürbar. »Stark wie zwei«, besang Udo Lindenberg 2008 die Erfahrung, die auch er machte. Es ist, als schenke der tote Mensch seine Energie den Lebenden, die in Gedanken und Gefühlen bei ihm sind. Wie ist das erklärbar?

Vielleicht durch Magnetismus. Die vertrauten Menschen könnten magnetische Pole sein, die die Energien anziehen, zumal solche, die auf sie »geeicht« sind. Wenn sie den Toten nicht fliehen, können sie dessen Energien wahrnehmen, aufnehmen und mit ihnen nach der großen Irritation des Todes ins Leben zurückkehren. Der neue Mut, der sie erfüllt, verdankt sich den Energien, die der Verstorbene nicht mehr für sich braucht, sondern dem überlässt, der in Beziehung zu ihm bleibt. So lebt das Wesentliche eines Menschen weiter in den Lebenden und trägt zu ihrem inneren Reichtum bei.

Wie ist es für mich selbst nach dem Tod meiner Frau? Das Gefühl, dass sie energetisch bei mir ist, ist sehr stark. Tröstet mich das? Ja, sehr. Ihre Energie nehme ich wie eine große, lichte, warme Wolke wahr, die sich ständig mit mir bewegt und mir guttut. Manchmal überkommt sie mich mit der Intensität einer Sonne, aber es ging auch schon mal ein eisiger Schauer über mir nieder, keine Ahnung warum. Die atmende Präsenz meiner Frau entbehre ich dennoch schrecklich. Es ist mir völlig unbegreiflich, dass sie nicht mehr leiblich da ist. *Wo ist meine Frau?* In welchem Zustand befindet sie sich jetzt? Ist dieser Zustand mit irgendeiner Art von Bewusstsein verbunden? Ist sie noch eine Person? Kann ich mit ihr sprechen? Trägt sie noch ihren göttlich schönen Namen, Astrid, mit dem ich sie ansprechen kann?

Es ist unmöglich zu wissen, ob die Person über den Tod hinaus erhalten bleibt. Ein Bewusstsein zu haben und »ich« sagen zu können, sind Leistungen des Gehirns, die eine physische Existenz voraussetzen, soweit bisher bekannt. Das Unfassbare des Todes könnte die Umwandlung der Person in

Energie in einem einzigen Augenblick sein. Aber es geschehen so viele eigenartige Dinge seit dem Tod meiner Frau, dass ich auch die Fortexistenz der Person nicht ausschließen würde. Angesichts eines bunten Blumenbeets, das sie begeistert hätte, rufe ich aus: »Wunderschön! Siehst du das?« Sieht sie es? Vielleicht durch meine Augen? Ich schaue auf die Uhr. Es ist 17.17 Uhr. Sie starb um 19.19 Uhr. Monate später, als ich diese Textstelle hier überprüfe, ist es erneut 17.17 Uhr. Fast jeden Tag leuchten mir solche Doppelungen auf der Uhr entgegen, wenn ich an sie denke. Ich sehe darin »Botschaften« von ihr. Jedes Mal lächeln wir uns zu und ich atme tief durch. Ich bin Philosoph, der stets der Nüchternheit wissenschaftlicher Erklärungen den Vorzug gibt. Aber ich bin mir auch ihrer Begrenztheit bewusst. Menschen wissen nicht, was sie alles nicht wissen.

Könnte es sein, dass das Leben viel umfassender ist als das Leben einer Person? Ist vielleicht doch so etwas wie ein höheres Bewusstsein möglich? Darüber denke ich immer von Neuem nach. Nach dem realen Leben könnte es ein anderes, *surreales* geben, ein körperloses Sein, das als eine Art Schlaf zu verstehen wäre. Bis zur »Auferweckung«, von der in religiösem Kontext die Rede ist? Wie für den gewöhnlichen Schlaf könnte auch für den *Seinsschlaf* ein Grund die Erholung sein, die aber anders als im Leben nicht dem momentanen Zustand von Körper, Seele und Geist zuteilwird, sondern der gesamten Existenz des Menschen. Mit der Auflösung seiner Gestalt würde er oder sie sich regenerieren und nach einer unbestimmten Zeit der Gestaltlosigkeit womöglich in anderer Gestalt ins reale Leben zurückkehren.

Nun aber stehe ich am Grab, in dem die »sterblichen Überreste« meiner Frau verschwunden sind, und kann es nicht fassen, trotz aller möglichen Erklärungen. Sollten auch diese Reste noch ihre Energien enthalten, kann ich ihr hier nahe sein. Beim Näherkommen meine ich mehr als sonst zu spüren, wie ihre Wärme mich umhüllt. Ihre Ruhe breitet sich in mir aus. Ist es nur Einbildung oder ist es wirklich so? Das lässt sich nicht überprüfen. Subjektiv fühle ich jedoch, wie nach ihrem Tod etwas von der Energie ihrer Ausstrahlung in mich übergegangen ist und mich dazu bewegt, mehr so wie sie zu denken, zu fühlen und zu handeln, freundlicher, aufgeschlossener, nachsichtiger. Die Offenheit, mit der ich mehr als je zuvor Anderen begegnen kann, stammt eindeutig von ihr. Immer öfter bemerke ich, dass ich ihre bedächtigen Schritte übernehme, statt wie gewohnt voranzustürmen.

Sie war davon überzeugt, dass die irdische Natur in die kosmische eingebettet ist, die allem zugrunde liegt. Tatsächlich bezieht alles, was auf der Erde lebt, seine Energie aus dem Kosmos, insbesondere von der Sonne, ohne die es keinerlei Leben auf der Erde gäbe. Bis irgendwann die Sonne selbst ihre Energie an den Kosmos abgibt und neue Sonnen daraus entstehen. Alle Energie bleibt in diesem geschlossenen System, das der Kosmos vermutlich ist, denn wohin sollte er offen sein? Ein anderes Wort für die allumfassende Energie könnte die Allmacht Gottes sein. Bis zuletzt war es meiner Frau wichtig, »mit Gott in Verbindung zu sein«, aber auf ihre Weise: Gott als Ausdruck für »Energiefluss und Manifestationen«.

Was tröstet mich am meisten? Ihre Worte zu lesen, die sie in Briefen und Notizen hinterlassen hat. Die Bilder von ihr und unserer Familie anzuschauen, die ihre schöne Existenz bezeugen. Die große Liebe ist keine Illusion. Es gibt sie wirklich. Ich habe sie erlebt. Die Kinder haben die große Mutterliebe erlebt. Liebe ist Energie. Sie macht stark und hält sich über den Tod hinaus, ewige Liebe. Das Versprechen, das ich meiner Frau auch noch im allerletzten Moment gab, »wir bleiben zusammen«, gilt bis zur künftigen Wiederbegegnung im Meer der Energie.

2.
Liebe bis in den Tod

Eine Liebe bis in den Tod ist der Beistand für einen Menschen in der letzten Phase seines Lebens. Ihr zentrales Element ist die *Ummantelung*, die der *palliativen* Behandlung (lateinisch *pallium* für Mantel) den Namen gegeben hat. Sie zielt anders als eine *kurative* Behandlung nicht länger auf Heilung und umfasst nicht mehr sämtliche Maßnahmen zur Lebenserhaltung und Lebensverlängerung. Palliativ geht es darum, das technische Arsenal der Medizin in den Hintergrund treten zu lassen und den Sterbenden menschlich zu umsorgen, Schmerzen zu lindern und den äußeren Rahmen, die Ausstattung der Räume, den Rhythmus der Zeiten so zu gestalten, dass ihm oder ihr ein Wohnen in völliger Vertrautheit bis zuletzt möglich wird.
Eine Liebe bis in den Tod ist die Menschen- und Nächstenliebe in *Hospizen*, die seit Ende der 1960er Jahre, initiiert von Cicely Saunders und ausgehend vom St Christopher's Hospice in Lon-

don, an sehr vielen Orten gegründet wurden. Auch Krankenhäuser mit Palliativstationen bemühen sich um Ummantelung. Von Liebe bis in den Tod ist aber vor allem der Beistand *zuhause* getragen, die Ummantelung durch vertraute Menschen, die sich viele Sterbende wünschen. Bis zuletzt beim Sterbenden zu bleiben und Sterben und Tod aus nächster Nähe mitzuerleben, ist eine unvergessliche Erfahrung. Unbedingt sollte dabei die Unterstützung von Palliativärzten und Pflegenden, die sich auskennen, in Anspruch genommen werden. Es kann erschreckend sein, wenn das Leben aus dem Menschen zu weichen beginnt. Ist er oder sie noch der vertraute Mensch? Seine Kraftlosigkeit wird so groß, dass die Körperpflege Stunden in Anspruch nimmt. Bis das Leben sich ganz verflüchtigt.

Bis zum Ende des Lebens kann *Glück* eine Rolle spielen. Niemand hat Verfügungsmacht darüber, wie das schicksalhafte oder zufällige Glück oder Unglück am Ende ausfällt. Einiges bleibt jedoch für das Wohlfühlglück zu tun, wenn der Sterbende oder seine Liebsten wissen, was ihm guttut, während gegen das, was ihm wehtut, Schmerzmittel eingesetzt werden können. Das Glück der Fülle wiederum stellt sich am ehesten ein, wenn sich das Leben mit all seiner Gegensätzlichkeit zumindest im Rückblick noch bejahen lässt. Aber niemand sollte gegen seinen Willen dem Stress ausgesetzt werden, sich jetzt um jeden Preis noch glücklich fühlen zu müssen. Gerade die letzte Zeit kann auch vom Unglücklichsein geprägt sein, etwa darüber, dieses Leben und die Liebsten endgültig verlassen zu müssen.

Wichtiger als das Glück ist auch in der letzten Phase des Lebens der *Sinn*, vorweg der Sinn der Sinnlichkeit: Wenn nicht mehr viel zu sagen ist, bleibt immer noch die Berührung, denn der Tastsinn, der im Mutterleib als erster Sinn entsteht, ist bis zuletzt ansprechbar. Auch der Hörsinn bleibt erhalten. Sinn vermitteln jetzt noch mehr als je zuvor die gefühlten Beziehungen zu Anderen, aber über die Nähe und Distanz zu ihnen bestimmt der Sterbende selbst. Vielleicht wird gerade in dieser Zeit auch das Bedürfnis wach, mit dem unvergleichlichen Blick vom Ende her noch einmal

nachzudenken über das Leben und den möglichen Sinn des Lebens, des eigenen und des Lebens überhaupt.
Liebe bis in den Tod: Es kann eine erfüllte, aber auch eine quälend lange Zeit sein, diese *ontologische Zwischenzeit* mit einem unentschiedenen Hin und Her zwischen dem Sein (griechisch *on*) der bestimmten Wirklichkeit, die dieses Leben war, und dem unbestimmten Möglichsein dessen, was nun bevorsteht. Schon vom Tod selbst ist unklar, wann und wie er eintreffen wird. Das Leben hängt in der Luft, nicht nur das Leben des oder der Sterbenden, sondern auch derer, die bei ihm oder ihr sind und in dieser Zeit den Boden unter den Füßen verlieren können. In Frage steht der *ontologische Übergang* von einem Seinszustand zum anderen, vergleichbar dem Prozess, bei dem Sandkörner durch die winzige Öffnung einer Sanduhr rieseln. Dem letzten Sandkorn gleich, realisiert ein Mensch nun die einzige noch verbliebene irdische Möglichkeit, mit der sein Leben zur abgelebten Wirklichkeit wird. Womöglich wird die Uhr dann umgedreht, sodass aus den zahllosen Möglichkeiten

heraus ein neues Leben zu rinnen beginnt. Also doch ein ewiges Leben?
Ontologisch lässt sich der Tod als Verlassen der begrenzten Wirklichkeit verstehen, zu der dieses Leben gehörte, um in das unbegrenzte Reich der Möglichkeiten zurückzukehren. Ein »Heimgehen« kann das sein, insofern das Leben ursprünglich wohl von dorther stammt. Alles, was ist, muss zunächst möglich gewesen sein. Bei jedem Seinsübergang aber erzittert das gesamte ontologische Gebälk. Das leichte Beben, das schon von ferne physisch und psychisch spürbar ist, nehmen Nahestehende als schwere Erschütterung wahr. Es ist eine freudige Erschütterung, die die Schmerzen übertrifft, wenn ein Mensch ins Leben tritt – und eine zutiefst schmerzliche, wenn er es verlässt. Die Reise durch die Zeit, die mit der Geburt begonnen wurde, endet jetzt. Nichts mehr ist möglich außer dem Tod, der mit erschreckender Endgültigkeit das gelebte Leben besiegelt.
Bis auf den Grund wühlt die Nähe des Todes das Leben auf. Nivelliert wird alles, was im Leben wichtig war, fragwürdig alles, was selbstverständlich war,

sinnlos alles, was bedeutend erschien. Der Tod verhält sich indifferent gegen die Differenzen, die zwischen Menschen oft über Nähe und Distanz entscheiden. Gleichgültig geht er darüber hinweg und wartet keine Klärung ab, auf die ja wohl auch noch lange zu warten wäre. Ganz so, wie der Tod aus der Sicht des Lebens eine ungeheuerliche Ausnahmeerscheinung darstellt, erscheint vom Punkt des Todes aus das Leben als sonderbare Nichtigkeit in den unbelebten Weiten des Alls. Nicht nur ihr eigenes Leben sehen die Zeugen des Todes jetzt so, sondern auch das aller Anderen und das Leben überhaupt. Alles Leben ist nur noch Tod.

Der Tod begrenzt das Leben, aber weit schmerzlicher noch das Zusammenleben mit dem geliebten Menschen, das sich nur innerhalb der zeitlichen Grenze feiern lässt. Solange der Tod fern zu sein scheint, lassen die Liebenden es an der Feier der Gemeinsamkeit zuweilen fehlen. Rückt er näher, wächst das Bewusstsein dafür, wie wertvoll die gemeinsame Zeit doch war und hoffentlich noch eine Weile ist. Eines Tages vom geliebten Menschen Abschied nehmen zu müssen, zumindest von seiner Verkörperung und in jedem Fall für dieses Leben, schmerzt bereits als Vorstellung zutiefst, umso mehr als reale Erfahrung. Der Tod macht die Liebe fühlbarer, die Liebe wiederum den Tod.

Wer liebt, vervielfacht nicht nur das Leben, sondern auch den Tod. Dass Liebe und Tod auf diese Weise untrennbar miteinander verwoben sind, ist ein Grund dafür, dass sie in der Kunst oft gemeinsam dargestellt werden. Lange habe ich das nicht verstanden. Was interessiert mich der Tod, wenn die Liebe das Leben erfüllt! Aber für alle, die lieben, kommt irgendwann die Zeit des Abschieds, und dies nicht nur für die Liebenden im engeren Sinne, sondern auch für Freunde, Bekannte, Kollegen, im schlimmeren Fall für Kinder, die ihre Eltern, und im schlimmsten Fall für Eltern, die ihre Kinder gehen lassen müssen, auch wenn sie schon erwachsen sein sollten. Nicht immer ist ein Abschiednehmen im Leben möglich. Bricht der Tod plötzlich herein, bleibt nur noch der Abschied vom Toten. Die Art des Abschieds aber hat immer etwas mit der Vorstellung zu tun, was Tod ist und was danach kommt.

In heilloser Verlorenheit angesichts des Todes suchen Menschen ihr Heil darin, sich Vorstellungen von irgendwoher zu eigen zu machen. Niemand weiß, was wirklich geschieht, wenn ein Mensch »geht«, aber das hat immer schon bunte Theorien darüber hervorgetrieben. So ist der Tod nicht einfach nur ein Faktum, sondern auch eine *Deutung*, die einzelne Ichs und ganze Kulturen vornehmen. Ein Problem kann entstehen, wenn die jeweilige Deutung als einzige Wahrheit verstanden wird, um Anderen vorzuwerfen, die Dinge »falsch« zu sehen. Erscheint der Tod *relativ*, kann der Abschied einer auf Zeit sein, wie dies Liebenden möglich ist, für die das Ende des Lebens nicht das Ende der Liebe sein muss. Wer liebt, der bleibt. Erscheint der Tod hingegen *absolut*, gilt das auch für den Abschied, der »für immer« ist, denn es wird kein anderes Leben und kein Zusammensein in irgendeiner Form mehr geben.

Die Deutung wirkt sich auf die *Formen* des Umgangs mit dem Tod aus. Alles Unwirkliche wird wirklich, alles Unlebbare lebbar durch Formen, also Festlegungen des Verhaltens, über die nicht weiter nachgedacht wird. Das Bedürfnis danach resultiert aus der Unfassbarkeit des Todes, aus dem grenzenlosen Schmerz über die Trennung, die sich mit ihm vollzieht. Die Formen bieten den Lebenden Halt in einer haltlosen Zeit. Eine vorbestimmte Abfolge von Handlungen gibt ihnen Sicherheit in einer Situation, die sie völlig verunsichert. Die Formen begraben die überbordenden Gefühle, die der Tod freisetzt, nicht unter sich, sondern verleihen ihnen Ausdruck. Auch so wird es möglich, den Tod zu überleben.

Traditionelle Kulturen stellen Formen zur Verfügung, die den Tod mit Ritualen umranken und dem Toten die letzte Ehre erweisen, auch wenn es nur ein Abschied auf Zeit sein soll. Ein Eindruck davon ist auch im 21. Jahrhundert noch in Georgien zu gewinnen, wo der Tote fünf Tage lang im Kreise der Familie ruht, die sich allmählich daran gewöhnt, dass er nicht mehr da ist, während er noch da ist. Niemand zweifelt daran, dass ein Mensch nach dem Tod auf andere Weise weiterlebt, und so muss er sich nicht aus dem Haus geworfen fühlen. Viele Freunde, Bekannte, Nachbarn besuchen ihn. Eine regelrechte Menschenschlange windet sich von der Straße bis zur Wohnung hoch, wo er mitten im Wohnzimmer liegt. Entlang der Wände sitzen schwarz gekleidete Frauen. Alle umkreisen den Toten im offenen Sarg, verneigen sich vor ihm, flüstern ihm letzte Worte zu und kondolieren den Angehörigen, man soll auch weinen. Es herrscht ein reges Kommen und Gehen, zahllose Menschen muten sich die Irritation zu, die die Begegnung mit dem Tod in Gestalt des Toten ist.

In *moderner* Zeit sind überlieferte Formen des Umgangs mit dem Tod verloren gegangen. Der moderne Anspruch auf Freiheit führte zur Befreiung von ihnen, denn sie waren, wie alle Formen, in den Verdacht geraten, das Ich in seiner freien Entfaltung zu behindern. Mit zunehmender Formlosigkeit greifen jedoch Haltlosigkeit und Ratlosigkeit, Verlorenheit und Verzweiflung um sich, gerade angesichts des Todes. Das wahre Leben, das einst auf ein Jenseits projiziert worden war, gefolgt von einer Entwertung der diesseitigen Welt, verlegte die Moderne komplett ins Diesseits, das für kein Jenseits mehr offen ist. Die Angst vor dem Tod ist seither nicht mehr die vor Fegefeuer und Höllenschlund, sondern vor dem Nichts, in das das Leben angeblich fällt. Lebensstress resultiert daraus, im nunmehr »einzigen Leben« alles realisieren zu müssen, was nur möglich ist.

In einer *andersmodernen* Zeit können Menschen eine neue Akzeptanz des Todes wagen und die Frage eines Lebens danach offenhalten. Alte Formen des Umgangs mit dem Tod können aus freien Stücken wieder aufgenommen und neue Formen erfunden werden. Einige Impulse dazu sind etwa dem »Haus der menschlichen Begleitung« zu verdanken, das 1993 in Bergisch Gladbach von Fritz Roth gegründet wurde, dem »begeisterten Bestatter«, wie er sich nannte. Das ist kein gewöhnliches Bestattungsinstitut mehr, eher ein großes Wohnhaus mit Räumen, in denen der Tod gelebt werden kann, und dies in der Zeit, die der Umgang mit ihm braucht und die individuell sehr unterschiedlich ausfallen kann.

Das Experiment hat Schule gemacht. Zum Haus selbst gehören nach wie vor Werkstätten, um einen Sarg zu zimmern und zu verzieren. Eine Totenmaske kann angefertigt werden, und Kinder können Bilder malen, während der Tote im Raum liegt, den die Familie zu ihrem eigenen macht. Kabarett wird im Haus gespielt, Schulklassen kommen zu Besuch, Popbands geben Open-Air-Konzerte auf der Waldbühne der Gärten der Bestattung, dem ersten privaten Friedhof in Deutschland. Freunde und Verwandte sitzen neben den Gräbern und lauschen der Musik. Am höchsten Punkt bietet ein »Haus der Klage« dem, der nicht still meditieren will, andere Möglichkeiten, seine Gefühle zu äußern. Am Ende einer Trauerfeier wird der Deckel noch einmal vom Sarg abgehoben für alle, die ein letztes Mal Abschied nehmen wollen. Das Mysterium des unbeseelten Körpers wird dabei sinnlich erfahrbar. Plötzlich wird klar, dass das Wesentliche des Lebens, das den Körper durchdrungen hat, mit dem Tod entschwunden ist. Aber ein langer Weg war bis hierher zurückzulegen.

3.
Lebenskunst und Kunst des Sterbens

Der Mensch wird geboren, lebt sein Leben und stirbt. Geburt und Leben sind mehr oder weniger gut zu bewältigen. Aber das Sterben? Dass zur *Ars vivendi*, zur Kunst des Lebens, eine *Ars moriendi*, eine Kunst des Sterbens, gehört, wussten die Philosophen in antiker Zeit: »Dasselbe ist die Sorge um das schöne Leben *(kalōs zēn)* wie um das schöne Sterben *(kalōs apothnēskein)*«, so Epikur im 4./3. Jahrhundert v. Chr. im *Brief an Menoikeus*. Daran hat sich nichts geändert. Ein schönes Leben ist die beste Vorbereitung auf den Tod. Wer sich beizeiten um ein bejahenswertes Leben bemüht, hat nicht viel zu bedauern, wenn es zu Ende geht. Oder fällt ganz im Gegenteil der Abschied besonders schwer, wenn es ein schönes Leben war?

Schärfer als je zuvor stellt sich jedenfalls für moderne Menschen die Frage: Das soll alles gewesen sein? Bereits zu Lebzeiten bedrängt der Tod die Lebenden: Lebst du wirklich? Wo vergeudest du deine Zeit? Was hast du noch vor? Wo Menschen selbst Einfluss auf ihr Leben nehmen können und sich nicht mehr als Marionetten eines blinden Schicksals oder einer weisen Vorsehung verstehen müssen, kommt dem Tod die Rolle zu, Wünsche und Träume zunichtezumachen. Der moderne Tod durchkreuzt eine hoffnungsvolle Wirklichkeit des Lebens mit einer Rücksichtslosigkeit, die Projekte abbricht und tolle Möglichkeiten zerstört. Selten erscheint er als Erlösung, häufiger als Zumutung. Immer bleibt etwas ungelebt, sodass Vorwürfe naheliegen: *Warum?* Warum ich? Warum jetzt?

Eine Kunst des Sterbens könnte der *Euthanasie*, von den Nationalsozialisten für Verbrechen missbraucht, ihre eigentliche Bedeutung als »gutes Sterben« und »schöner Tod« *(euthánatos)* zurückgeben. Dennoch sollten nicht allzu romantische Vorstellungen damit verbunden werden, denn das Sterben kann trotz allem leidvoll, der Tod elend und hässlich sein. Zur Kunst kann das Sterben jedoch in zweifacher Hinsicht werden: Im Umgang eines Menschen mit sich selbst in der Stunde seiner größten Not (im Sinne unabwendbarer Notwendigkeit). Sowie im Umgang Anderer mit Sterbenden, um sie in den letzten Tagen und Stunden nicht zu verlassen, es sei denn, sie wollen alleine sein. Manche ziehen es vor, für sich zu bleiben, und passen den Zeitpunkt ab, wenn alle anderweitig beschäftigt sind oder nach langer Wache am Sterbebett erschöpft einschlafen. Schuldgefühle, im fraglichen Moment nicht präsent gewesen zu sein, sind möglich, aber nicht nötig.

Die Kunst des Sterbens erfordert ein letztes Mal *Selfcare*, die Sorge um sich, charakterisiert durch das Denken an den Tod, die Befassung mit ihm, die Vorbereitung auf ihn, das Bemühen um eine eigene Haltung zu ihm. Den Versuch, gegen das finale Geschehen *anzukämpfen*, unternehmen einige, aber meist erfolglos. Auch *wütend* zu sein, hält den Tod nicht von seiner Arbeit ab. Einfach nur *hinzunehmen*, was geschieht, erscheint eher angebracht. Damit *einverstanden* zu sein, ist die Haltung, die alles leichter macht, auch für die Nahestehenden. Womöglich sich sogar *hinzugeben* wie beim Liebesakt, könnte die weltliche Form sein, die der religiösen Formel entspricht: »In deine Hände lege ich meinen Geist.«

Den Zeitpunkt des Todes vermag der oder die Sterbende offenkundig zu erahnen. Nicht selten beobachten die, die Sterbeprozesse miterleben, dass Sterbende sogar darauf Einfluss nehmen können, eine Art von innerer Verabredung mit dem Tod: »Bitte erst dann, wenn der geliebte Mensch bei mir ist.« Wie es für alles ein erstes Mal gibt, so unweigerlich auch ein letztes Mal: Aufwachen, aufstehen, ins Bad gehen, frühstücken. Das letzte Mal ist von Bedeutung, denn die Erinnerung daran haftet für immer im Gedächtnis der Hinterbliebenen: Das waren die letzten Worte, von denen wir in diesem Moment nicht wussten, dass es dabei bleiben würde. Das war der letzte Wunsch, der noch erfüllt oder nicht mehr erfüllt werden konnte. Das war die letzte Umarmung, die uns noch vergönnt war, und ich ahnte es nicht. Das war der letzte Kuss, den ich auf ihre weichen Lippen drückte, und ich wusste es.

Mit der Sorge des Sterbenden und der Fürsorge Anderer lassen sich Bedingungen schaffen, die bei der Begegnung mit dem absolut Abgründigen, als das der Tod erscheint, bejahenswert und in diesem Sinne schön sein können. Denn wenn nichts mehr bleibt, wenn »nichts mehr zu machen ist«, bleibt immer noch, ganz bei sich zu sein und hoffentlich umsorgt zu werden von Anderen. Sorge wäre zu tragen für den äußeren Rahmen, der der inneren Ruhe und Gelassenheit förderlich ist. Für die meisten ist es ein Wohnen in Gewohnheiten, das sie sich bis zuletzt wünschen. Letzte Therapien und Eingriffe sind verzichtbar, um lieber mehr Berührung zu erfahren. Denn wenn nicht mehr viel zu sagen ist, spricht immer noch die Berührung durch eine Hand, die über den Handrücken streicht, Arme oder Schultern anfasst, an der Wange oder auf der Stirn liegt, mit einem Wattebausch die Lippen befeuchtet. All das kann für den Sterbenden eine Wohltat sein. Unendlich tröstlich wäre vielleicht der Arm, in dem der Kopf ruhen kann, überhaupt im Arm eines Anderen für immer einzuschlafen. Etwas darüber zu wissen, wie das Sterben vor sich geht, ist hilfreich. Will ich »alles wissen«? Viele Ärzte und Pflegende sind bereit dafür (Claudia Bausewein und Rainer Simader, *99 Fragen an den Tod*, 2020). Viele Betroffene aber wollen lieber nichts wissen, um vielleicht auch jetzt noch »positiv nach vorne zu schauen«. Die Gefühle fahren in vielen Fällen Achterbahn zwischen Weinen, Hadern, Wüten, Hoffen, Verzweifeln, Verhandeln, Verleugnen. Bis sich Mattigkeit und Müdigkeit breitmachen und die Körperwärme sich aus Händen und Füßen zurückzieht. Die Nahestehenden wissen womöglich nicht so recht, wie sie mit dem Menschen umgehen sollen, der schon nicht mehr ganz zum Kreis der Lebenden gehört. Oder sie sitzen treu und verlässlich am Bett, reichen etwas zu trinken, lesen vor, reden oder schweigen. Ist Aufmunterung nötig? Wohl eher für den, der die Situation nicht gut erträgt, weniger für den Sterbenden selbst. Dessen Gedanken sind bei all dem, was er oder sie erlebt hat, oder auch bei dem, was leider nicht mehr zu erleben ist. Sofern die Gedanken nicht schon viel zu anstrengend sind und von Schmerzen und deren Betäubung überlagert werden.

Eben war es noch möglich, eine *Message* zu tippen, jetzt nicht mehr. Der Körper, der das Ich zuverlässig durchs Leben getragen hat, gerät aus den Fugen. Die Schwäche wird so groß, dass keine Kontrolle mehr darüber möglich ist, was der Körper tut und was Andere mit ihm tun. Besser, eine Vorsorgevollmacht wurde zur rechten Zeit schon den Menschen des Vertrauens gegeben. Und was soll nach dem Tod geschehen? Ist dazu etwas notiert worden oder wurde es aufgeschoben? Welche Art der Bestattung? Wo? Wie soll die Abschiedsfeier gestaltet sein, die zumindest die Lebenden brauchen? Vom Testament ganz zu schweigen, das keinen Streit hinterlassen soll, auch wenn das erfahrungsgemäß fast aussichtslos ist. Schmerzen? Die Palliativmedizin verfügt über ein erprobtes Instrumentarium, das ziemlich genau auf die Bedürfnisse des Sterbenden abgestimmt werden kann (wie der gesamte Prozess des Sterbens mit großer Liebe zum kleinsten Detail erklärt von Roland Schulz, *So sterben wir – Unser Ende und was wir darüber wissen sollten*, 2020).

Die Sinne schwinden, außer dem Riechen auch das Schmecken. Nur der Geschmack für etwas Ausgefallenes ist noch da, fast wie in der Schwangerschaft. Bald reicht die Kraft nicht mehr, um zu sprechen oder auch nur zu blicken. Das Gefühl für Raum und Zeit kommt abhanden, es wird ja auch nicht mehr gebraucht. Stattdessen obsiegt das Bedürfnis zu schlafen, für immer zu schlafen. Will der Sterbende nichts mehr trinken, stellen die Nieren allmählich ihren Dienst ein. Ohne Nahrung kann ein Mensch sehr lange leben, ohne Flüssigkeitszufuhr in der Regel nur drei Tage, Ausnahmen sind möglich.

Möglich ist auch ein letztes Aufleuchten des Gesichts, ein Moment völliger geistiger Klarheit (»terminale Luzidität«), bevor die Kräfte restlos versiegen und der Atem zu stocken beginnt, die Wangen einfallen und die Augen sich in ihre Höhlen zurückziehen. Setzt der Atem endgültig aus, bleiben noch ein paar Augenblicke, bis die Augen brechen. Das Herz hört auf zu schlagen, die Hirnfunktionen verlöschen. »Es tritt schlagartig elektrische Stille ein«, weiß Jens Dreier, Neurologe an der Berliner Charité, bevor »ein letzter, extremer Erregungszustand« die Hirnzellen wie ein Tsunami flutet, vielleicht eine allerletzte *Slideshow* der Erinnerungen

auslöst und sämtliche Restenergien auf einmal verpulvert.
Das ist der Tod, nach aktuellem Erkenntnisstand. Ist damit alles zu Ende? Aber dass der Tod das definitive Ende allen Lebens ist, kann nur ein Glaube, kein nachprüfbares Wissen sein. Möglich ist ebenso, dass es sich anders verhält. Es steht dem Einzelnen frei, nicht das Ende des Lebens im Tod zu sehen, auch ohne Bezug zu einem Gott und ohne letzte Wahrheit, aber vielleicht mit Berufung auf Bob Dylan: *Death Is Not the End* (1988). Jedenfalls ist das ein *möglicher* Gedanke, unabhängig davon, ob ihm eine Wirklichkeit entspricht.
Wer mit seiner Lebenskunst eine Kunst des Sterbens im Blick hat, sorgt sich am besten schon zu Lebzeiten um ein Leben, das seinen umfassendsten Zusammenhang nicht mehr innerhalb seiner selbst sieht. Im Diesseits der Wirklichkeit lässt sich ein Jenseits der Möglichkeiten auftun, um sich nicht in sich und die eigene Endlichkeit einzuschließen. Einem möglichen anderen Leben kann anvertraut werden, was in diesem Leben auf der Strecke bleibt. Eine Folge dieser Sichtweise kann heitere Gelassen-

heit anstelle der verzweifelten Lebensgier sein, die in der Moderne um sich gegriffen hat. Wer annimmt, dass es ein Leben über das Leben hinaus gibt, in welcher Form auch immer, kann gut damit leben, dass jetzt nicht alle Träume wahr geworden sind. Dann halt ein andermal.

Die Vorstellung eines Lebens über das bestehende Leben hinaus führt dazu, den Horizont zu öffnen und einen Blick über sich hinaus zu gewinnen. Das Bewusstsein, als endlicher Mensch in einem unendlichen Horizont zu leben, kann zur Folge haben, wie Epikur meinte, »wie ein Gott unter den Menschen« zu lustwandeln (*Brief an Menoikeus*, 135). Auch im Moment der Schwäche, wenn spürbar wird, dass die Arbeit am Sinn einen Aufwand an Kraft erfordert, der nicht mehr zu erbringen ist, kann das Ich sich dann eingebettet fühlen in einen größeren Zusammenhang, der das Gefühl der Sinnlosigkeit fernhält. Nicht nur der Blick zurück auf ein schönes Leben erfüllt letztlich den Menschen, sondern auch die Aussicht auf eine Fülle über das gelebte Leben hinaus.

Lange Zeit im Leben ist es der Tod Anderer, der das

eigene Ich berührt, aber nicht betrifft. Und doch rückt der Tod näher. Kommt er sehr nahe, ist dies der Moment, in dem jeglicher Schleier zerreißt und das Leben nackt dasteht, daliegt. Die Spannung und Spannweite des Lebens zwischen Geburt und Tod mit all den Ängsten, Hoffnungen, Enttäuschungen, Lüsten, Schmerzen, Aufbrüchen, Abbrüchen, Bindungen, Trennungen, Diskussionen, Überlegungen, Entscheidungen, Rechtfertigungen, Entschuldigungen, Schönheiten, Hässlichkeiten, diese ganze Tragödie und Komödie der Existenz – schrumpft zum Bindestrich zwischen Geburts- und Todestag. Für unbestimmte Zeit mag es noch der Tod Anderer sein. Aber auch mit ihm müssen sich die Lebenden irgendwie arrangieren.

4.
Phasen im Umgang mit dem Tod

Das Leben spielt sich in Phasen ab. Immer. Nur jetzt ist es anders. Für immer wird das Leben von Leid erfüllt sein. Für alle Zeiten bleibt die ganze Welt trist und leer. Nie mehr wird sich etwas daran ändern. Konfrontiert mit der schrecklichen Endgültigkeit ist ein Mensch für gute Gedanken und wohlmeinende Worte nicht empfänglich. Alles ist trostlos. Das Leben steht still. Es hat keinen Sinn weiterzuleben, und umso weniger, je inniger die Beziehung zum verstorbenen Menschen war.

Und doch sind auch jetzt Phasen zu durchlaufen, selbst wenn es Liebe war, die fortdauert und keine bloße Phase ist. Über Phasen im Umgang mit Sterben und Tod informieren lesenswerte Bücher (Elisabeth Kübler-Ross, *Interviews mit Sterbenden*, 1969; Verena Kast, *Trauern – Phasen und Chancen des psychischen Prozesses*, 1982). Das persönliche Erleben aber hat seine eigene Gangart. Phasen schälen sich dabei erst allmählich aus dem Nebel heraus. Sie überlagern sich zum Teil und wiederholen sich. Auf eine klare Abfolge ist kein Verlass. Vielleicht sollte statt von Phasen besser von *Facetten des Überlebens* die Rede sein.

1. *Die Verzweiflung.* Fassungslos stehe ich am Grab meiner Frau und kann nur bitterlich weinen. Der Mensch, mit dem ich gemeinsam lebte, ist nicht mehr da. Es kann unmöglich wahr sein, das ist mein einziger Gedanke. Es ist, als wären mir alle Organe entrissen worden. Wie soll ich das überleben? Der Platz neben mir ist grausam leer. Gähnende Leere zuhause in allen Räumen. Abgrundtief die Leere der Welt. Kein Zusammensein mit Anderen kann die Einsamkeit mildern. Alles, was geschieht, ist völlig egal. Alle großen Krisen werden nichtig. Nichts hat irgendwelche Bedeutung. Nichts macht Freude. Es ist ein Leben von Stunde zu Stunde, von Tag zu Tag. »Du sollst die Pflege des Körpers nicht vernachlässigen«, sagt eine Stimme in mir. »Er kann der Seele zur Seite stehen.« Eine Suppe wenigstens am Tag, auch wenn da kein Appetit ist. Viel trinken, nur keinen Alkohol, der schon bald zur Gewohnheit werden würde. Kei-

ne Psychopharmaka, die in kurzer Zeit abhängig machen könnten. Nur einmal täglich zur Stärkung *Ferrum phosphoricum*, eine Empfehlung des homöopathischen Hausarztes. Viel gehen, viele Kilometer, die Bewegung tut gut. Es ist eine gefährliche Zeit. Die höhere Sterblichkeit hinterbliebener Partner in dieser Zeit ist statistisch belegt. Das Phänomen des gebrochenen Herzens gibt es wirklich.

2. *Das Hadern.* Was vor dem Tod immer wieder aufflammte, die Wut auf das Leben, das eine solche Zumutung mit sich bringt, die Wut auf alle, die das Verhängnis hätten aufhalten können, ist verflogen. Keine Wut mehr, nur ein Hadern mit allem, was schiefgelaufen ist und was ich selbst versäumt habe. Der Speiseröhrenkrebs, an dem meine Frau starb, wurde zu spät erkannt, warum? Die Erkrankung wäre vermeidbar gewesen, hätten wir frühzeitig gewusst, dass Sodbrennen nicht harmlos ist. Aber niemand weiß das, es gibt keine Aufklärung darüber. Meine Frau könnte noch leben, wir könnten uns noch lange aneinander erfreuen. So groß wie die Liebe ist jetzt die Traurigkeit, aber

kann es auch nachgetragene Liebe sein? Die vielen schönen Blumen auf dem Grab, warum habe ich meiner Frau nicht viel häufiger Blumen geschenkt? Sie hatte immer ein offenes Ohr für mich, ich auch für sie? Ich hätte mich mehr bemühen können, sie zu verstehen, und häufiger die Geschirrspülmaschine ausräumen sollen, sie mochte das. Die Kinder und Freunde aber mögen es nicht, wenn ich hadere. Ausgiebig zu hadern, scheint mir dennoch der richtige Weg zu sein – bis es mir selbst zu viel wird.

3. *Die Gespräche.* Es ist gut gemeint: »Ruf mich an, wenn du Hilfe brauchst!« Sicher ist: Ich werde nicht anrufen. Weil die Kraft dafür fehlt. Weil es möglich ist, dass es bei einem Anruf »im Moment leider nicht passt«. Besser, die Hilfe wird ohne weitere Umstände realisiert: »Mittags steht eine Suppe vor deiner Tür.« »Ich komme morgen Abend zu dir.« Darüber bin ich dann doch froh. Denn das habe ich gelernt bei einer zeitweiligen Nebentätigkeit in einem Krankenhaus, wo ich mit Menschen in schwierigen Lebenssituationen sprach: Bloß nicht damit allein bleiben! Nicht sich verschlie-

ßen! Vor allem mit den Nächsten und Liebsten, mit den Kindern, Brüdern, Schwestern, Freunden und Freundinnen lange Gespräche zu führen, tut unglaublich gut. Ich kann mir »alles von der Seele reden«, was mich bewegt, und mit Anderen das Schwere teilen, sodass es leichter wird. Meine Frau hat Freundschaften hingebungsvoll gepflegt, ich weniger. Jetzt kommt es mir zugute, dass die Freunde und Freundinnen da sind und viel Zeit für mich haben. Mit ihnen über ihre Freundin, meine Frau zu reden, schenkt ihnen und mir das Gefühl, ihr nahe zu sein. In den Gesprächen lässt sich das verlorene gemeinsame Leben betrachten, und manches kann anders eingeordnet werden als bisher. Mit dem Blick derer, die sie gut kannten, meine ich sie nun besser zu verstehen als je zuvor.

4. *Die Gewöhnung.* Was wiederholt auftritt, sorgt unweigerlich für eine Gewöhnung. Der Platz neben mir bleibt leer, jeden Morgen erschreckt es mich von Neuem. Die Situation verliert ihre Fremdheit und wird ein wenig vertraut. In ständiger Befremdung kann ein Mensch nicht leben. Mit der allmählichen Gewöhnung an den neuen

Zustand kehrt das Leben zurück. Zugleich will ich mich immerzu mit meiner Frau befassen. Ich schaue Fotos von ihr an, lese unsere Briefe und was sie mir sonst so geschrieben hat, erstelle eine Übersicht von Jahr zu Jahr, was wir alles gemeinsam unternommen haben. Es sind wehmütige Erinnerungen, aber eine »Rekonsolidierung« findet statt, wie Psychologen das nennen. Ich spüre nach wie vor unsere große seelische und geistige Verbundenheit, lediglich die körperliche Berührung fehlt schmerzlich, neben mir ist nur Luft. Sexuelle Bedürfnisse erwachen und drängen nach intimer Nähe mit Anderen, beinahe egal mit wem. Ein Freund, der früher als ich die gleiche Situation durchlebte, kennt das, mit ihm rede ich darüber. Es ist das Bedürfnis zu leben und getröstet zu werden. Aber es ist nicht ratsam, aus der Not heraus eine Bindung einzugehen, für die es sonst keine Gründe gibt. Schwere Enttäuschung könnte die Folge sein.

5. *Die Magie.* Jedes sonderbare Geräusch, jede auffällige Zahlenkombination, jeder Regenbogen wird zum Zeichen, dass meine Frau bei mir ist, »egal in welchem Aggregatzustand«, wie sie mir

vorweg versicherte. Reihenweise erlebe ich seit ihrem Tod Situationen, die magisch gedeutet werden können. Sie bestärken das Gefühl, dass wir weiterhin zusammen sind. Jede Situation ist für sich als Zufall erklärbar, aber ist es auch die Verkettung? Es kulminiert im ersten Jahr, davon erzählen auch Andere (Joan Didion, *Das Jahr des magischen Denkens*, 2005). Auf das eingangs geschilderte Erlebnis am Flughafen folgte ein Ereignis am nächtlichen Himmel auf Teneriffa, wohin ich mit meiner Frau im Herzen geflogen war. Ein grün glühender Meteorit, der Eisen und Magnesium enthält, von der Größe her eher ein Bolide, ging direkt vor meinen Augen über dem Meer nieder. Einen Meteoriten dieser Art hatte ich noch nie gesehen. Dass meine Frau einen Meteoriten lenken kann, glaube ich nicht, aber dass sie in der Lage ist, mich mit ihrer Energie zu lenken, hat sie im Leben vielfach bewiesen. Jedenfalls kann ich mir vorstellen, dass sie oder ihre Energie es war, die mich dazu bewog, mich in diesem Moment an diese Stelle zu setzen und in diese Richtung zu schauen. Sekunden später hätte ich von dieser Himmelserscheinung nichts bemerkt. Und war das helle Türkisgrün ein Zufall? Es war ihre Lieblingsfarbe.

6. *Die Dankbarkeit.* Das andere Leben gewinnt Konturen. Mein erfahrener Freund, den ich frühzeitig fragte, wie ich den Tod meiner Frau überleben kann, hatte mir geraten: »Du brauchst schöne Projekte.« Also legte ich mich auf einige fest: Für meine Kinder da zu sein. Mehr als je zuvor mit Freunden und Freundinnen in Kontakt zu bleiben. Mich mit noch mehr Verve meiner Arbeit zu widmen. Viele Reisen zu unternehmen, die ich teils noch mit meiner Frau geplant hatte. Nicht mehr den ungelebten Jahren mit ihr nachzutrauern, sondern dankbar zu sein für die vielen gelebten Jahre. Die schönen Erinnerungen an sie will ich pflegen, die nicht sterben, solange ich lebe. Sie werden mit Macht wieder wach, als sich der Todestag zum ersten Mal jährt. Ein Jahrestag mag auch nur ein Tag sein, aber der ganze Schmerz ist wieder da. Fliehen? Lieber noch einmal alles durchleben. Das Café wieder aufsuchen, das wir gemeinsam frequentierten. Die Bilder anschauen, die unser glückliches Zusammensein dokumentieren. Sie war der Segen

meines Lebens. Die Tränen fließen wieder, die eine Weile ausgeblieben waren. In der Zeit danach bemerke ich den Impuls, die Schultern wieder aufzurichten, die lange eingesunken waren. Und es fällt mir auf, dass mir die Bilder unseres Lebens noch aus einem anderen Grund wichtig werden: Weil sie eine Wirklichkeit bezeugen, die zusehends unwirklicher zu werden scheint.

7. *Die Diesseitigkeit.* Aufstehen, das Bad aufsuchen, Frühstück zubereiten – der »Tanz der Stunden« (Musik von Amilcare Ponchielli) ist wieder eröffnet. Das Leben in seiner banalen Diesseitigkeit macht sich erneut breit. Alles geht sisyphusmäßig seinen Gang, jeden Tag von vorne, als könnte es nicht anders sein, trügerische Ewigkeitsgewissheit. Das alltägliche Leben überbrückt mit seiner Oberfläche den Abgrund, den der Tod aufgerissen hat. Leichtigkeit wird wieder möglich und ein unbeschwerter Umgang mit Anderen. Ich fühle mich umhüllt und erfüllt von der Energie meiner Frau und wünsche mir, dass sich das nie verliert. Und doch schwächt sich die Intensität ab, vermutlich in dem Maße, in dem sich die Energie in der At-

mosphäre zerstreut. Ein Teil bleibt bei mir. Die Wolke, die ich spüre und vor mir sehe, wenn ich die Augen schließe, ist weiterhin da, hat aber die Konturen meiner Frau verloren. Sie ragt bis in den Himmel empor und changiert zwischen einem warmen Gelbbraunrot und einem hauchdünnen weißlichen Nebel. Die Möglichkeit einer Reinkarnation nehme ich ernst. Keiner noch so kleinen Fliege tue ich etwas zuleide. Ich scheuche sie auch nicht weg, wenn sie sich auf meinen Handrücken setzt. Es könnte die Zärtlichkeit meiner Frau sein. Nur Motten jage ich weiterhin. Meine Frau, die sie hasste, kann unmöglich eine Motte sein.

8. *Die Heiterkeit.* Habe ich nun »Trauerarbeit« geleistet? Ich mochte dieses Wort noch nie. Es ist keine Arbeit, traurig zu sein, es ist ein Teil des Menschseins. Manche wollen mit dem Tod rasch »fertig werden«, um sich anderen Dingen zuzuwenden, ich nicht. Auch den Toten endlich »gehen zu lassen«, wie dies oft gefordert wird, ist wohl eher ein Ausdruck dafür, selbst von ihm weggehen zu wollen, um die Unruhe, die von ihm ausgeht, nicht länger aushalten zu müssen. Mit der Bekundung,

froh darüber zu sein, dass er oder sie »endlich erlöst« sei, könnte auch die eigene Erlösung von der Irritation durch den Tod gemeint sein. Anstelle der *Trauer*, dieser »adaptiven Reaktion auf einen Verlust«, wie sie psychologisch nüchtern definiert wird, ist mir das *Traurigsein* schon vom Wort her lieber. Es gewähren zu lassen, ermöglicht am ehesten eine neue Phase der Gelassenheit und Heiterkeit. Zwar kommt und geht die Wehmut in Wellen, wieder und wieder, aber die Wellentäler dehnen sich aus. Der Eindruck gewinnt an Raum, dass das Leben viel umfassender ist als das individuelle Leben hier und jetzt, ja, dass es sogar seinen Gegensatz, den Tod, noch mit umschließt. Über alle Traurigkeit hinaus ist Heiterkeit das Gefühl und der Gedanke, mit der Endlichkeit versöhnt zu sein und sich in einer Unendlichkeit aufgehoben zu wissen, unabhängig davon, welcher Name ihr gegeben wird.

Ich stehe nicht mehr nur am Grab, sondern beginne es zu pflegen. Jede Woche bin ich dort und mache einen kleinen Garten daraus, bringe auch Pflanzen aus dem vormaligen Garten meiner Frau hierher. Es wird einmal unser beider *ewiges Bett* sein, wie wir es uns wünschten. Meine eigenen sterblichen Überreste werden an ihrer Seite liegen. Allerdings will es mir nicht in den Sinn, dass das wirklich geschehen wird. Sterben? Ich? Nie im Leben! Auch wenn es nachweislich mit jedem Menschen passiert, kann ich es mir nicht ernsthaft vorstellen, irgendwann tot zu sein. Sterblich fühle ich mich nur an unguten Tagen. Wenn ich schlecht gelaunt und kränklich bin, halte ich nichts für realer als den Tod. An guten Tagen hingegen, die alle auf ihre je eigene Weise erfüllend sind, halte ich den Tod für vollkommen irreal. Wie ist es möglich, dass das Wunderwerk des Körpers, der so voller Leben ist, und all das Fühlen, Denken, Reden, Tun und Lassen eines Ich einmal zu Asche wird? Wie kann ein ausgewachsener Mensch zu einem solchen Häuflein schrumpfen?

Wie kaum irgendwo sonst erfasst es mich am Grab, dass ich es bin, der dieses Leben lebt. Hier ist die Erkenntnis unabweisbar, dass es trotz allem auch mit mir einmal vorbei sein wird. Eine *existenzielle Reduktion* findet statt, das Leben wird auf seine wesentlichen Koordinaten zurückgeführt: Dass ich geboren bin und als endliches Wesen auf diesem Gestirn lebe, unterwegs mit ihm durch unendliche Räume und Zeiten. Dass ich die schönen Seiten des Lebens genießen kann, aber auch die anderen Seiten hinnehmen muss, im vollen Bewusstsein, dass dieses Leben irgendwann endet. Dass ich dann womöglich todtraurig sein werde, mich aber vielleicht auch freuen werde, dass ich in dieser Welt leben durfte, offen für alles, was sich danach auftut.

Die Stärke des Grabes: Der sinnliche Eindruck des Ortes ruft übersinnliche Gedanken wach, die vielleicht beim flüchtigen Besuch einer Gedenkseite im Internet weniger nachhaltig in den Sinn kommen. Das Grab ist eine Konfrontation mit der eigenen Endlichkeit, eine gefühlte und gedachte Begegnung mit dem Tod, die die Frage aufwirft, was von ihm aus gesehen das eigene Leben gewesen sein wird. Für wen oder was lebe ich? Wie lebe ich mit den Menschen, die mir wichtig sind? Lebe ich so, dass es mir schön und bejahenswert erscheint? Und wenn nicht, was kann ich dafür tun? Es hilft bei der Orientierung im Leben, sich in Gedanken immer wieder an seiner Grenze aufzuhalten. Von hier aus fällt es leichter, neuen Mut zu schöpfen und wieder Sinn im Leben zu finden, mit Freuden zurück ins Leben und hinaus in die Welt zu gehen. Der Umgang mit dem Tod ist der Schlüssel zum Leben.

Hier am Grab begegne ich Anderen, in deren Erinnerung ebenfalls Tote leben. Das Grab ist auch für sie ein Teil ihres Lebens. Hier mache ich mir Gedanken darüber, was allen Gräbern gemeinsam ist: Dass der oder die Tote nicht wirklich hier ist. Ein Grund dafür könnte sein, dass nichts an ihm oder ihr tot ist. In der gesamten Natur ist ein Kreislauf von Werden und Vergehen erkennbar, es kann sich damit also beim Menschen, der doch Teil der Natur ist, wohl kaum anders verhalten. Was heißt angesichts dessen eigentlich Tod?

5.
Gibt es den Tod wirklich?

Einer meiner Freunde ist gestorben. Ein Jahr nach der ersten, noch hoffnungsvollen Diagnose ist er tot, 60 Jahre alt, Speiseröhrenkrebs, auch er, wie meine Frau. Aberwitzig, dass er nicht mehr da ist, sicher wird er gleich im Türrahmen auftauchen, mit blitzenden Augen und seinem leicht spöttischen Lächeln. Wie in alten Zeiten werden wir atemlos alles Mögliche bereden, Tiefsinniges ebenso wie albernen Klatsch. Aber nie wieder wird es so sein.

Das Mysterium des Lebens tritt mit dem Tod schlagartig hervor. Die Menschheitsgeschichte wiederholt sich in diesem Moment. Das gesamte Werden des Menschen ging mit einem Erstaunen und Erschrecken über das Sterben einher und mit der Unruhe über das Danach. Daher die Grabbeigaben schon in grauer Vorzeit, die die Verstorbenen dafür rüsten sollten, den Tod zu überleben, denn sie konnten sich doch nicht in nichts auflösen! Aber wohin entschwanden sie? Was ist mit den Menschen, die »gegangen sind«? Was geschieht mit ihnen? Welche Beziehung zu ihnen ist noch möglich? Können Tote wirklich tot sein?

Meine Leidenschaft ist das Verstehen. Ich will verstehen, wie etwas ist, woher es kommt, was daraus wird, was sich damit machen lässt, wozu es gut sein kann, was daran womöglich nicht gut ist. Die Zusammenhänge interessieren mich, in die ein Phänomen eingebettet ist und die ihm Sinn geben. Alles kann isoliert betrachtet, nichts jedoch isoliert verstanden werden. Erklären und Verstehen ist in den Wissenschaften oft ein Selbstzweck, in meinen Augen aber dient es dem Lebenkönnen. Je besser ich etwas verstehe, desto besser kann ich damit umgehen. Erreiche ich das auch beim Umgang mit dem Unfassbaren, das der Tod ist?

Was zu beobachten ist: Das ganze Leben hindurch brauchen Menschen Energie, die sie belebt und bewegt. Der Körper altert, nicht jedoch die Energie. Deswegen können Menschen sich auch im Alter noch jung fühlen. Die Energie schwindet allerdings peu à peu aus dem Körper, anfangs kaum spürbar. Allmählich lassen die Kräfte nach. Die Versicherung gegen den entstehenden »Allmählichkeitsschaden« ist die Rentenversicherung. Wenn das Leben sich dann deutlicher neigt, kann das Entweichen der Energie dramatische Ausmaße annehmen. Zuletzt verlassen Wärme und Elektrizität den Körper und er hört in der gegebenen Form zu existieren auf. Sämtliche Bestandteile erleben jedoch eine Verwandlung in andere Formen. Alle Atome und Moleküle gehen früher oder später in andere Zusammenhänge über. Nichts spricht dafür, dass jemals auch nur ein Hauch davon verschwindet.

Bei der Einäscherung wird die in jeder Körperzelle gespeicherte Energie in Wärme verwandelt, die in der Atmosphäre verweht. Es erfasst mich mit Wucht, als der Körper meines Freundes im Sarg in den Ofen einfährt, in dem er zwei Stunden lang bei bis zu 1200 Grad verbrennt. Keineswegs nur federleichte Asche, sondern auch der »steinerne Rest« bleibt übrig, Knochenfragmente, die selbst der großen Hitze standhalten und einer Urne das spezifische Gewicht verleihen. Wird der tote Körper nicht verbrannt, sondern begraben, setzt die Verwesung ein, eine andere Art der Transformation, bei der Moleküle umgruppiert und von vielerlei Lebewesen in biochemischen Prozessen weiterverarbeitet werden. Bei der neuen Bestattungsform einer »Reerdigung« kann dieser Prozess mit Mikroorganismen vorsätzlich forciert werden, sodass binnen 40 Tagen fruchtbarer Humus entsteht.

In welcher Form auch immer: Die Energie überlebt jeden Tod. Die reale Gestalt stirbt, nicht jedoch die Energie. Nachdem sie einen Menschen belebt hat, verharrt sie nach seinem Tod wohl erst einmal im Raum. Daher die liebenswerte, althergebrachte Tradition, ein Fenster zu öffnen, damit »die Seele«, poetischer Ausdruck für die Energie des Menschen, entweichen kann. Langsam zerstreut sie sich, aber kein Quantum entschwindet ins Nichts. Dass den Lebenden die Abwesenheit des Toten unwirklich erscheint, ergibt Sinn, denn er oder sie befindet sich zwar nicht mehr in ihrer Wirklichkeit, sehr wohl jedoch in einer anderen. Etwa »im Himmel«, wie es den Kindern nach dem Tod von Oma und Opa gesagt wird?

Ja, früher oder später, sofern unter Himmel die kosmische Energie verstanden wird. Das ist nicht metaphorisch gemeint, auch nicht esoterisch. Der Kosmos ist erfüllt von Energie in jeglicher Form. Aus dieser Quelle speist sich alle Energie der Erde. Der gesamte Planet ging aus kosmischer Energie hervor. Alles, was darauf lebt, bezieht ständig Energie aus dem Kosmos, insbesondere von der Sonne, ohne die es keine Pflanzen gäbe. Sie produzieren mit dieser Energie Sauerstoff und verwandeln sie auch in essbare Form, elementar für Menschen. In den Kosmos kehrt alle irdische Energie zurück, wenngleich in schier endlosen Zeiträumen. Auch die Energie, die vom Verstorbenen übrigbleibt, hat an diesem Prozess teil. Jeder, der stirbt, wird zum Stern am Firmament derer, die noch für eine Weile auf der Erde bleiben.

Wesentlich ist also nicht der Körper, sondern die Energie. Deren Wesen aber ist Möglichkeit, *Potenzial*. Je mehr Energie, desto mehr Potenzial, mit dem eine körperliche Wirklichkeit geschaffen und genährt werden kann. Am Ende geht jeder Körper wieder *zugrunde*, aber im vollen Sinne des Wortes, denn das Wesentliche an ihm, das ihn leben ließ, kehrt *zum Grund* des großen Potenzials zurück, zur kosmischen Unendlichkeit der Möglichkeiten. Schon zu Lebzeiten spürt ein Mensch diesen Grund in seinem tiefsten Innersten als etwas Namenloses, Grenzenloses. Manchmal erscheint auch mir das Leben wie ein Traum, als würde ich von außen, von einem fernen Stern darauf blicken, auf dem ich eigentlich lebe, abseits aller Endlichkeit. Über das gewöhnlich gelebte Leben hinaus ist ein anderes, ungewöhnliches spürbar, das nicht in gleicher Weise verletzlich und hinfällig ist wie das gegebene, nicht eingebunden in Raum und Zeit, nicht geprägt von all den Gefühlen, Wahrnehmungen, Erinnerungen, Wünschen, Sehnsüchten, die die *persönliche Seele* eines Menschen charakterisieren und an sein körperliches Dasein gebunden sind. Was für eine Weile die Lebensenergie und Seele eines Menschen ist, geht mit dem Tod wieder in die kosmische Energie und *Weltseele* über, die alles erfüllt. Vom energiegeladenen Pol, aus dem jedes Leben erwächst, wandert es zum entgegengesetzten Pol des Energieverlusts, bevor mit dem Tod wieder

der Zustand reiner, ungebundener Energie hergestellt wird, der ein neues Werden ermöglicht. So kreist das Leben zwischen Materialisierung, Entmaterialisierung und neuerlicher Materialisierung. In jedem Augenblick und mit jedem Tun und Lassen wird aus Unendlichkeit eine Endlichkeit, aus Möglichkeiten eine Wirklichkeit. Mit jedem Augenblick verrinnt Wirklichkeit aber auch und wird wieder zur Möglichkeit. Das Leben vollendet sich immer wieder dort, wo alle Möglichkeiten schlummern, bevor die Wirklichkeit eines anderen Lebens daraus hervorgehen kann.

Sollte diese Deutung plausibel sein, folgt daraus, dass die Lebenden und die Toten ein und dieselbe Welt bewohnen, nur auf unterschiedlichen ontologischen Ebenen: *Irdische* Ebene der materialisierten Energie und ihrer begrenzten, endlichen Wirklichkeit, *kosmische* Ebene der immateriellen Energie und ihrer unbegrenzten, unendlichen Möglichkeiten. Der Tod könnte ein *Glissando* sein, ein Hinübergleiten von der irdischen Ebene zur anderen. Die Lebenden könnten den Toten helfen, indem sie sie nicht vorzeitig aus diesem Leben entfernen, sondern ihnen die allmähliche Ankunft in der anderen Dimension ermöglichen, während ihre Energie noch in den gewohnten Räumen schwebt und an geliebten Kleidern und Gegenständen haftet. Eine Kommunikation zwischen den Ebenen müsste möglich sein, auch über den Tod hinaus, insbesondere in der energetischen Verbundenheit in intensiven Momenten des Denkens und Fühlens. Genau von solchen Erfahrungen berichten viele. Inmitten der Endlichkeit tut sich damit ein Fenster zur Unendlichkeit auf, durch das selbst dann, wenn der Tote »nicht mehr da ist«, eine Gemeinschaft mit ihm möglich ist.

Im Leben selbst sind dies die intensivsten Momente: Sich voller Energie zu fühlen und sich alles Mögliche zuzutrauen. Typisch ist das für die Erfahrung der Liebe, keineswegs nur im stürmischen Modus des Verliebtseins, sondern auch dann, wenn sich das ruhigere Gefühl der Verbundenheit einstellt und die Liebenden sicher sind, dass dies auf ewig so bleibt. In der Liebe wird es zur Gewissheit, dass es ein Sein über den Tod hinaus gibt, das keiner Zeitlichkeit unterliegt, ein *ewiges Sein* durch alles Dasein hindurch, das kommt und geht. Diese *Seinsgewissheit*, die außer in der Liebe auch in anderen engen Beziehungen fühlbar werden kann, ist gut begründet, wenn zutrifft, dass die Energie nicht stirbt.

Tot ist ein Mensch dann nur in Bezug auf dieses Leben, das er gelebt hat. Vergangen ist die Zusammensetzung der materiellen und immateriellen Elemente, die ihn als Person charakterisierten. Der Mensch in dieser einmaligen Komposition löst sich auf, aber alle Teile leben in anderen Zusammenhängen weiter, körperlich, seelisch, geistig. So gesehen gibt es keinen wirklichen Tod außer dem Tod der Person. Ich sterbe nie. Sehr wahrscheinlich trifft das wirklich zu. Lediglich das Subjekt in diesem Satz kann sich wohl kaum halten. Der größere Rest, die Energie, stirbt nie.

Dieser Deutung zufolge gehen Menschen, wie alle Wesen, aus einem umfassenden Meer von Energie hervor, leben aus ihm heraus und kehren zu ihm zurück. Ihre Spuren zeichnen sich für eine Weile am Meeresufer der realen Welt ab und werden von einem Wellenschlag wieder ausgelöscht. Die

Endlichkeit erscheint als Ende des Lebens in seiner jeweiligen Gestalt, die Unendlichkeit als nicht endendes Sein über alle Gestalten hinaus.
Die Differenz dazwischen wird erkennbar im Hin- und Hergerissensein dessen, der noch im aktuellen Leben verbleibt, zwischen dem Schmerz über das verlorene Dasein des Anderen, der nicht mehr zurückkommt, und der Euphorie über das unendliche Sein, in dem das gemeinsame Leben geborgen ist. Das erlebte der Romantiker Novalis 1797 am Grab seiner jungen Verlobten Sophie von Kühn. Er war nicht nur zutiefst getroffen von ihrem frühen Tod, sondern auch »unbeschreiblich freudig«. Er notierte »aufblitzende Enthusiasmus Momente« in seinem Tagebuch. »Das Grab blies ich wie Staub, vor mir hin – Jahrhunderte waren wie Momente – ihre Nähe war fühlbar.«
All das sind dennoch nur Überlegungen und Anregungen fürs Weiterdenken. Der Tod ist eine *Blackbox*. Dass es keinen wirklichen Tod gibt, auch wenn ein Mensch sich in dieser Gestalt auflöst, ist letztlich nicht nachweisbar, nur annehmbar. Entscheidend dafür ist einstweilen nicht die Wahrheit,

die wohl nie zweifelsfrei ausfindig zu machen ist, sondern die *Lebenswahrheit*, auf die ein Mensch sein Leben und Sterben zu gründen wagt. Sie hängt ab von der Deutung, die er selbst vornimmt und für die er, wenn er Willkür vermeiden will, nach der Plausibilität der Zusammenhänge fragt und im Übrigen danach, was ihm schön und bejahenswert erscheint.

Sicher ist, dass auch in moderner Zeit, die so viel zu wissen glaubt, kein Wissen über die letzten Dinge verfügbar ist. Und dass dennoch viele vom Nachdenken darüber umgetrieben werden. Wie ist ein Sein über das Dasein hinaus vorstellbar? Um dem Nachdenken darüber neuen Raum zu geben, erscheint es sinnvoll, den Horizont eines möglichen Lebens nach dem Tod, den die moderne Kultur mutwillig verschlossen hat, mutig wieder aufzuschließen. Es geht um eine neuerliche Öffnung des Lebens der *Möglichkeit* nach, um allzu enge Grenzen des Ich zu überschreiten und ein fundamentales Anderssein in den Blick zu bekommen. Ein Sterbender soll mal gebeten worden sein, bis zum letzten Atemzug zu berichten, was er bereits

»von drüben« wahrnimmt, während er die hiesige Welt verlässt, sozusagen die ultimative Live-Reportage. Seine letzten Worte sollen gewesen sein: »Ganz anders.«

6.
Gibt es ein Leben nach dem Tod?

Ich stehe am Grab meines Vaters, Wind weht mir ins Gesicht, eine Amsel singt im Baumwipfel, ein Hahn kräht irgendwo, eine Lerche steigt tirilierend über den Feldern hoch. Hier kann ich die Jahreszeiten riechen, den Fliederduft im Frühling, das Korn im Sommer, die umgepflügte Erde im Herbst, die eisige Luft der nahen Berge im Winter. In der schwarzen Erde des Grabes verströmen »Gedanken« ihren melancholischen Duft, Stiefmütterchen, *Pensées* im Französischen. Gedanken gehen mir durch den Kopf, Erinnerungen an meinen Vater, seinen ruhigen Ernst, sein frohes Lachen bis in den Tod, als er zu meinen Geschwistern, die bei ihm waren, sagte: »Ich zeige euch jetzt, wie man stirbt.«

Er starb in der tröstenden Gewissheit, für immer seine Heimat in diesem kleinen Tal zu haben, das er über alles liebte, eingebettet in die Natur, der er sich zugehörig fühlte, umgeben von den Geräuschen des Alltags, nicht nur der Vögel, sondern auch des Verkehrs, der am Friedhof vorbeirollt. An diesen Ort, an dem ich geboren und aufgewachsen bin, kehre ich stets zurück, um meinem Vater zu begegnen, mit ihm zu sprechen, aufmerksam zu sein auf jeden Wink von ihm. Ist er wirklich hier? Mag sein, dass nur Knochen in diesem Grab liegen, sein Geist jedoch, seine Gedanken sind nicht tot, denn ich denke sie weiter, also leben sie.

Einmal war meine neunjährige Tochter mit am Grab. Als wir weggingen, begann sie leise in sich hineinzuweinen. Ich fühlte mit ihr, sie vermisste ihren Opa sicherlich sehr. Aber sie sah *mich* an: »Weil *du* einmal nicht mehr da sein wirst!« »Ja«, sagte ich verblüfft, »so wird es sein.« Ich wollte ihr nahebringen, dass das Leben gerade deshalb so schön ist, weil es irgendwann zu Ende geht, und dass das Zusammensein so wertvoll ist, weil es nur für begrenzte Zeit möglich ist, jedenfalls in diesem Leben. Und dass sie so, wie ich den Tod meines Vaters überlebt habe, meinen Tod überleben wird. Aber das half ihr nicht weiter. Zum ersten Mal wurde ihr bewusst, dass es den Tod gibt und dass er das Leben mit den liebsten Menschen begrenzt. Ein entscheidendes Stück der kindlichen Unbefangenheit verliert sich mit dem Wissen vom Tod, ganz so, wie die Kindheit der Menschheit davon durchbrochen wurde.

Eine tiefe Traurigkeit kann sich aus dem Wissen um die Vergänglichkeit des Lebens ergeben. Als ich damals nicht mehr weiterwusste, sang ich ein Frühlingslied, aber meine Tochter konnte sich erst beruhigen, als sie das nächste Spiel entdeckte. So behilft sich das menschliche Leben, und auch dies vermutlich schon seit unvordenklicher Zeit. Sie selbst hat, wie sie mir viele Jahre später am selben Grab erzählt, in dem nun auch meine bewunderte Mutter, ihre geliebte Oma liegt, diese Szene nie vergessen. Es war für sie der philosophische Moment, wie er in den antiken Schulen der Philosophie gepflegt wurde: *Memento mori* (Kurzform von *Memento moriendum esse*), »bedenke, dass du sterblich bist«. Seit langem in der Geschichte folgen darauf Fragen, die nach Antworten verlangen: Wohin geht der Mensch, der geht? Was kommt nach dem Tod? Was heißt es, »gestorben« zu sein?

Wie fühlt sich das an? Ist Fühlen dann noch in irgendeiner Weise möglich? Ist es eine andere Art von Leben?

Die Toten wissen alles und schweigen beharrlich. Womöglich wissen aber auch sie nichts. Auf jeden Fall weiß kein Lebender, in welchem Status Tote leben. Nur Annahmen sind möglich. Vielleicht ist es eine Art von *Trance*, ein traumartiger Zustand ohne jedes Zeitempfinden, ein *fluides Sein* ohne räumliche Festlegung, ein Dahinfließen ohne Unterscheidung, was real ist und was nicht, ein bewusstloses Verwehen im Wind. Oder doch mit Bewusstsein? Mit einem für Lebende undenkbaren höheren Bewusstsein, das irgendwie anders arbeitet als alles, was Menschen bisher kennen und sich vorstellen können?

Nahtod-Erfahrungen, wie schon viele sie gemacht haben (Hans Peter Duerr, *Die dunkle Nacht der Seele*, 2015), könnten Hinweise darauf geben, wie es ist, nicht mehr da zu sein. Auch ich habe in meiner Jugendzeit so etwas erlebt, ich weiß nicht mehr warum. Ich schwebte über meinem Körper und konnte die Situation von oben betrachten, leicht wie eine Feder, ein sehr angenehmer Zustand. Es war schwierig, geradezu widerwärtig, sich wieder ins normale Leben einzuschleusen. Es fühlte sich an, als müsste der Körper in einen engen Tunnel einfahren. Sollte die Energie des verstorbenen Menschen letztlich wirklich in den Kosmos zurückkehren, dem sie entstammt, könnte das Leben nach dem Tod ein engelhaftes Schweben im All sein. Dichter könnten am ehesten eine Sprache dafür finden – »man entwöhnt sich des Irdischen sanft«, schrieb Rainer Maria Rilke. »Freilich ist es seltsam, die Erde nicht mehr zu bewohnen« (*Duineser Elegien*, Die erste Elegie).

Leben nach dem Tod heißt zunächst *Nachwirkung*. Jeder Mensch, der aus der materiellen Wirklichkeit in die energetische Möglichkeit übergeht, hat etwas bewegt. Zum Leben gehört Wirksamkeit. Die aber endet nicht mit dem gelebten Leben. In irgendeiner Weise wirkt jedes Leben nach, auch dort, wo die Nachwirkung verborgen bleibt. Mag das Ich verwischt werden, aber einige Atome und Moleküle haben sich anders bewegt, als sie sich ansonsten bewegt hätten. Jeder Atemzug hinterlässt eine Spur, und was rein biochemisch kaum zu bestreiten ist, verhält sich wohl auch seelisch und geistig so. Manche nehmen an, dass Informationen in Quanten gespeichert bleiben, wenn die Hirnzellen zerstört werden. Auch wenn es sich nur um eine Winzigkeit handelt, erweist sich jedenfalls etwas als unauslöschlich. Nichts von dem, was durch diesen Menschen geprägt wurde, verschwindet jemals wieder, es sei denn in unbestimmter Zeit der Name, der für die Prägung steht, sowie die Erinnerung Anderer, dass überhaupt eine Prägung stattgefunden hat.

Der Mensch könnte auch wieder vermischt werden mit den Elementen und in anderer Form daraus hervorgehen: Vorstellung einer *Metamorphose*, eines Übergangs in eine andere Gestalt des Lebens, nicht etwa jenseitig, sondern diesseitig, und dies in endloser Abfolge. In nichts sich auflösen können Moleküle, Atome und Quanten nicht, also ergibt sich zumindest die *Möglichkeit* einer neuerlichen Zusammensetzung und eines Wiederauflebens. Vielleicht ist es eine Art von Wiedergeburt, aber in veränderter Gestalt. Eine identische Wiederkehr ist noch nie beobachtet worden. Gut möglich auch, dass die Toten selbst zur Wiederkunft hindrängen. Ist ein *Locked-in-Eternity*-Syndrom denkbar, gefangen in der Ewigkeit? Sollte der jenseitige Zustand zu langweilig werden, würden die Toten wohl selbst nach dem Abenteuer eines neuerlichen Aufenthalts im Diesseits suchen. Auch aus diesem Grund könnte sich das Leben immer von Neuem aus der Energie der Ewigkeit heraus reproduzieren: Weil die Endlichkeit spannender ist. Die unbändige Freude am Leben, die Kinder zeigen, die möglicherweise gerade eben erst aus der anderen Dimension eingetroffen sind, wäre so zu erklären. Zumindest ist es vorstellbar, dass aus dem Energiefeld heraus, das von einem Menschen bleibt, eine Gestalt *reinkarniert*, also wieder zu Fleisch (*caro, carnis* im Lateinischen) wird. Beim Gegenstück zum Tod, bei Zeugung und Empfängnis, findet die Umwandlung von Energie in ein werdendes Wesen statt, das mit der Geburt ans Licht kommt, ein ebenso magischer Moment wie der Tod, meist erfüllt von größter Freude. Sollte es tatsächlich so sein, dass das Leben immer wiederkehrt, könnte auch säkular von einem *ewigen Leben* gesprochen werden, von einem Überleben des Todes im umfassenden Sinne. Ähnlich wie beim Erwachen aus einem Traum könnten im neu heranwachsenden Menschen bruchstückhafte Erinnerungen an ein früheres Leben wach werden. Viele kennen das Déjà-vu-Erlebnis, etwas schon einmal gesehen oder erlebt zu haben, aber nicht in diesem Leben. Erklärbar wäre auch die gelegentliche Empfindung, in dieser Wirklichkeit fremd zu sein, da die eigentliche Heimat anderswo ist, nicht in der Bestimmtheit dieser Welt, sondern in einer anderen, vielleicht längst vergangenen, oder überhaupt in der Unbestimmtheit der energetischen Dimension.

Als Übergang zu einem anderen Leben, als Möglichkeit zu neuem Leben könnte der Tod sogar schön und bejahenswert erscheinen. Nicht alles wäre dann mit dem Tod zu Ende, nur das gelebte Leben in dieser Gestalt. Die mit dem Tod frei gewordene Energie könnte früher oder später andere Formen des Lebens, andere Menschen, Wesen und Dinge durchpulsen und der Tote auf diese Weise weiterleben. Gut möglich also, dass er selbst es ist, der in etwas abgewandelter Gestalt in hundert oder tausend Jahren wieder auflebt und dabei eine Welt vorfindet, die er in der Gegenwart selbst vorbereitet hat. Von wegen »nach mir die Sintflut«: Jede Gedankenlosigkeit des eigenen Verhaltens zu Lebzeiten könnte sich unter diesem Aspekt noch verhängnisvoll auswirken – für mich selbst.

In einem immer neuen Dasein manifestiert sich dieser Lesart zufolge das Sein, personale Sterblichkeit, *ontologische Unsterblichkeit.* Noch dazu hinterlässt jeder auch etwas von sich in Anderen und beeinflusst sie über das eigene Leben hinaus. Selbst wenn der Tod das Leben in Gestalt dieser Person beendet, lebt deren Energie weiter in den Lebenden, bleibt ihr treuer Begleiter, trägt zu ihrem inneren Reichtum bei und erhält sich durch sie hindurch am Leben *(soziale Unsterblichkeit).*

Jede und jeder hat außerdem teil an der gesamten Geschichte der Menschheit und der Welt, die nicht mit dem Einzelnen ihr Ende findet. Kein Mensch fällt mit seinem Tod aus der Geschichte heraus *(historische Unsterblichkeit).* Das gilt gleichermaßen für die Einbettung der irdischen in die kosmische Natur. Was für einen Moment die Lebensenergie eines menschlichen Ich war, geht über endlose Transformationsprozesse wieder in die kosmische Energie über, die allem zugrunde liegt *(kosmische Unsterblichkeit)*.

Einige Möglichkeiten sind also vorstellbar, den Tod zu überleben. Nicht auszuschließen ist auch, dass eines Tages der Inhalt des Gehirns in eine Cloud hochgeladen werden kann, die ewig schwebt, solange jedenfalls die Stromversorgung gesichert ist *(digitale Unsterblichkeit)*. Einstweilen manifestiert sich die Energie über den Tod hinaus aber noch auf herkömmliche Weise in einer *geistigen Unsterblichkeit*. Eine unendliche Weite im Geistigen ist schon zu Lebzeiten erfahrbar. Über große Entfernungen des Raumes und der Zeit können Gedanken hinwegfliegen. Ich kann die Gedanken Platons (etwa zur Unsterblichkeit der Seele) aufnehmen und weiterdenken. Nietzsche konnte Gedanken des 21. Jahrhunderts (etwa zur Überwindung des Menschen) vorwegnehmen. Jedem Gedanken, im aktuellen Leben gedacht, ist eine andere Zeit eigen als dem, der ihn denkt. Jeder ist ein Aufblitzen von

Energie, das davon zeugt, dass er in einer energetischen Dimension beheimatet ist, deren Ausdruck das Geistige ist. Das ganze Leben hindurch spricht etwas aus Menschen, das mehr oder weniger geistreich ist, ihnen jedoch nicht zugehört, sodass es sich auch nicht verliert mit dem Tod.

In Gedanken ist keine Einbuße an Verbundenheit mit dem geliebten Menschen, der gestorben ist, zu erleiden. Der Tod erscheint so gesehen nur als Verschwinden der äußeren Einkleidung der Gedanken. Über den Tod hinaus kann im *Gespräch mit den Toten* die geistige Beziehung weiter gepflegt werden. Kann es wirklich solche Gespräche geben? Zumindest ist eine lebhafte Vorstellung möglich, wie sie verlaufen würden, könnte es sie geben. Womöglich in ähnlicher Weise wie in dem Sketch für zwei Personen von Lauri Wylie aus den 1930er Jahren, nach ersten Erfolgen in England in vielen Ländern zum Kult geworden seit den 1960er Jahren durch den Schauspieler Freddie Frinton als Butler James. In *Dinner for One* feiert die 90-jährige Miss Sophie (May Warden) wie alle Jahre ihren Geburtstag mit ihren längst verstorbenen Freunden Sir Toby, Ad-

miral von Schneider, Mister Pommeroy und Mister Winterbottom. Ihren Butler treibt sie an, dieses Setting komplett ernst zu nehmen, um ihr einen Gefallen zu tun: »Just to please me!«
Das könnten natürlich auch »Wunschpsychosen« sein. In jedem Fall sind die Toten jedoch als *imaginäre* Gesprächspartner eine Bereicherung für das Leben. Mit dem Blick von außen, der ihnen eigen ist, tragen sie zur Orientierung der Lebenden bei, die bereit sind, diesen Blick zu übernehmen. Dann ist plötzlich klar, was zu tun und zu lassen ist. Steckt vielleicht doch mehr dahinter? Sind sie *reale* Gesprächspartner? Es fehlt an Methoden, das zu bewahrheiten. Auszuschließen ist es aber auch nicht. Viele kennen ja auch das Gefühl, dieses Leben nicht selbst zu führen, sondern von irgendetwas oder -jemandem geführt zu werden. Von wem oder was aber, wenn nicht aus einer Dimension heraus, in der der Geist der Toten mit besserem Überblick über das Ganze beheimatet ist?
Unter anderen Bedingungen stellen die Toten allerdings eine *Belastung* fürs Leben dar, etwa wenn sie zu Quälgeistern werden, die mit den Lebenden an-

scheinend noch eine Rechnung offen haben. Zur Belastung werden sie jedoch insbesondere in einer Kultur, die glaubt, dass die Toten tot sind und kein Gespräch mehr mit ihnen möglich ist, auch keine andere Art von Austausch. Alles, was noch zu sagen wäre, hätte zu Lebzeiten gesagt werden müssen, um nicht für immer in kosmischer Leere zu verhallen. Was aber ungesagt und ungelebt bleibt, kann zu einer Last werden, die nicht aufhört, einen Menschen zu bedrücken. Über den Tod hinaus hinterlassen ungeklärte Fragen eine traumatische Erfahrung, die nicht mehr ungeschehen gemacht werden kann.

Es ist Sache des Einzelnen selbst, ein Gespräch mit den Toten für möglich zu halten. Ihm im alltäglichen Leben Ort und Zeit zu geben, empfahl im 17. Jahrhundert der spanische Theologe und Philosoph Baltasar Gracián: »Die erste Tagereise des schönen Lebens verwende man zur Unterhaltung mit den Toten« (*Handorakel*, Aphorismus 229). So halte ich selbst es jeden Tag direkt nach dem Aufwachen. Leben die Toten auf diese Weise weiter in den Lebenden? Ja, natürlich, was sollen sie denn sonst machen! »Vergesst mich nicht!« Es muss Gründe dafür geben, dass Sterbenden diese Bitte oft so sehr am Herzen liegt. Jedes Gespräch über den Tod hinaus lässt sie neu aufleben in den Lebenden. Jede Erinnerung an sie aktiviert eine Energie, mit der sie wieder unter ihnen zu weilen vermögen. Jeder gedankliche Austausch mit ihnen ist ein elektrischer Impuls, der die unterschiedlich gepolten Dimensionen überbrückt. Wäre es aber nicht viel wünschenswerter, wenn es gar keinen Tod mehr gäbe?

7.
Den Tod überleben oder überwinden?

Niemand kommt umhin, eine Beziehung zum Tod einzugehen, sei sie positiv, gleichgültig oder negativ. Eine positive Beziehung eröffnet die Möglichkeit, den Tod zu akzeptieren, statt gegen ihn anzukämpfen. In gesteigerter Form wird daraus eine Liebe zum Tod, eine *Thanatophilie*, die die Nähe zu ihm nicht scheut, eher im Gegenteil sucht. Und wenn schon nicht Liebe, dann wenigstens Freundschaft oder Kollegialität. Einen »Freund« nannte ihn einst Mozart nicht lange vor seinem eigenen Tod. Eine Befreundung ist hilfreich, wenn er naht. Sich zu befreunden mit dem Tod oder ihn zu mögen wie einen verlässlichen Kollegen, der einem bei Mühsal und Schmerzen zur Seite springt, erleichtert den Umgang mit ihm. Es wird möglich, ihn in seinem Recht anzuerkennen, ihn wertzuschätzen und womöglich für bejahenswert zu halten. Johann Sebastian Bach sehnte ihn 1715

in Weimar sogar herbei: »Komm, du süße Todesstunde« (Kantate, BWV 161).
Leicht könnte der Umgang mit dem Tod auch auf der Basis einer *funktionalen* Beziehung fallen, wenn ihm also zugestanden wird, dass er eine Funktion zu erfüllen hat und einfach nur seinen Job macht. Kein Grund, ihm dafür dankbar zu sein, aber auch nicht, sich darüber zu entrüsten, eher ein Grund, gleichgültig gegen das Geschehen zu bleiben, das wie ein Uhrwerk seinen Gang geht.
Die weiteste Verbreitung hat in moderner Zeit jedoch die *agonale* Beziehung eines Kampfes gegen den Tod gefunden. Zu seinem »Feind« erklärte ihn Elias Canetti, was den Tod wie üblich kaltließ und Canetti dennoch das Leben kostete. Diese Beziehung glaubt gute Gründe auf ihrer Seite zu haben, denn in einer Welt, die auf das ewig junge Leben setzt, hat das Ärgernis des Älterwerdens und Sterbens keinen Platz mehr. Am besten, es verschwindet, aber zügig. Da der Tod das nicht einsieht, kam die Idee einer *ausschließenden* Beziehung zu ihm auf, um ihn, statt ihn irgendwie zu integrieren, aus dem Leben auszusondern. Mit welchen Folgen?

Aus der Sicht der Evolution ist der Sinn des Lebens der Tod. »Leben ist der Anfang des Todes. Das Leben ist um des Todes willen«, notierte bereits Novalis (Fragmentsammlung *Vermischte Bemerkungen*, 1797/98). Das Ende des einzelnen Lebens stellt die Erneuerung des gesamten Lebens sicher. Eine Verjüngung ist garantiert, wenn das alte Leben beizeiten seinen Platz räumt. Die Natur bricht das Experiment, das jeder Mensch ist, irgendwann ab und leitet einen neuen Versuch ein. Sex mit Folgen sorgt für Nachschub durch »Genfluss«, wie Biologen und Anthropologen das nennen. Neue Genmischungen und frische Ideen werden möglich. Hätte der Tod nicht auf diese Weise die Weiterentwicklung des Lebens befördert, wäre es bei der Unsterblichkeit der Amöben geblieben, die sich durch einfache Teilung identisch reproduzieren. Aber muss sich das Leben überhaupt weiterentwickeln, kann es nicht einfach nur verharren? Was würde geschehen, wenn Menschen die ewige Erneuerung zum Stillstand bringen könnten? Wie fühlt sich das Leben an, wenn es nicht mehr endet? Wäre das dann das reine Sein, das ohne Bezug zu

Raum und Zeit auskommt? Oder ein Verdämmern des Menschseins, das mit seinen Möglichkeiten nichts mehr anzufangen weiß?

Aus menschlicher Sicht könnte ein möglicher *Sinn des Todes* sein, den Wert des Lebens fühlbar zu machen. Wertvoll erscheint Menschen nur, was begrenzt verfügbar ist, Gold beispielsweise. Die Begrenztheit des Lebens macht Stunden, Tage und Jahre zu Gold. Wären sie wie Kieselsteine in beliebiger Menge vorhanden, würde das ganze Leben wertlos werden. Die begrenzte Zeit ist so gesehen kein Mangel, sondern eine Bedingung des Lebens, um in diesem Rahmen Fülle erfahren zu können. Füllen lässt sich nur, was Form hat, also begrenzt ist. Das gilt auch für die Form des Lebens selbst. Es ist so schön, *weil* es nicht ewig währt.

So gesehen ist der Tod ein starkes Argument *für*, nicht gegen das Leben. Er macht das Leben wertvoll. Es ist unendlich traurig, wenn es endet. Aber es wäre todlangweilig, wenn es nie enden würde. Irgendwann wären alle Bücher gelesen, alle Serien geschaut, alle Arten von Beziehung durchexerziert. Ohne Tod könnte sich das Leben hinziehen und furchtbar öde werden. Vieles spricht dafür, dass das große Gähnen einsetzt, wenn keine Grenze mehr den Wert des Lebens fühlbar macht. Womit wären Tausende und Abertausende von Jahren auszufüllen? Mit noch mehr Kreuzfahrten? Immer im Kreis um den Planeten herum?

Der Tod ist das Tor zum Leben. Er ist ein Ansporn, es zu genießen, um es voll und ganz auszukosten. Leider kann das nicht heißen, sämtliche Möglichkeiten auszuleben, denn dafür reicht keine Endlichkeit aus. Fülle ergibt sich daraus, ausgewählte Möglichkeiten *so weit wie möglich* zu verwirklichen. Und hinzunehmen, dass vieles offenbleibt.

Was also wird geschehen, wenn die »verjüngende Programmierung der Zellen« um sich greift, an der kalifornische *Anti-Aging*-Start-ups mit Biowissenschaftlern arbeiten, um den Tod zu überwinden? »Transhumanisten«, Überwinder des Menschlichen, nennen die entschiedensten Verfechter solcher Visionen sich selbst. Menschlichkeit ist für sie gleichbedeutend mit Gebrechlichkeit und Sterblichkeit. Trotz Nachbesserungen könnten zwar weiterhin Unfälle und tödliche Krankheiten das

Leben beenden, aber die Visionäre wollen nicht ruhen, bis jede Endlichkeit eliminiert ist. Milliardenschwere Investoren sind begeistert, denn Traumrenditen sind zu erzielen. Wo das ewige Leben lockt, kennen Menschen kein Halten mehr. Fürs Erste könnte es gelingen, mit *Senolytika* diejenigen Zellen aus Organen und dem ganzen Körper zu entfernen, die beim Älterwerden vermehrt Entzündungen verursachen und damit den Alterungsprozess beschleunigen. Dann folgt die Rückprogrammierung von Körperzellen, eine Methode der Entwicklungsbiologie. Wie bei anderen verführerischen Situationen erscheint es jedoch angebracht, sich vorweg ein paar Gedanken zum eventuellen *Danach* zu machen. Mutmaßungen anzustellen ist hilfreich, um auf unliebsame Überraschungen gefasst zu sein.

Jede und jeder weiß, was geschieht, wenn der Versuch unternommen wird, einen Genuss auf Dauer zu stellen. Statt der erhofften ewigen Lust schwindet jede Lust. Das könnte auch mit dem Leben passieren. Durch unbegrenzte Verfügbarkeit verliert es jeden Reiz. Wozu sich zu Unternehmungen aufraffen, wenn dafür endlos viel Zeit zur Verfügung steht? Wozu einen Streit beizeiten beenden? Der Gedanke, wertvolle Zeit zu vertun, müsste niemanden mehr quälen. »Bis dass der Tod euch scheidet!« Für manch eine oder einen wäre das keine Hoffnung mehr. Etwas Neues in Angriff nehmen? Viel zu anstrengend! Auch ein Ende der wissenschaftlichen Neugierde und technischer Neuerungen wäre absehbar, zum Stillstand gebracht just durch eine Neuerung, Ironie der Geschichte. Selbst Revolutionen verlören an Sinn, denn über lange Zeiträume hinweg wäre die Einsicht unabweisbar, dass ein gewisses Level an Ignoranz nicht zu unterbieten ist, auch dies eine anthropologische Konstante.

Die Ewigkeit könnte schrecklich ausfallen, würde sich herausstellen, dass Menschen nicht nur einer Ecke im Raum bedürftig sind, in die sie sich bisweilen zurückziehen können, sondern auch einer *Falte in der Zeit*, die ihnen ein Gefühl von Vertrautheit und Geborgenheit gewährt. Die Bedeutung ihrer räumlichen Heimat lernen Menschen spätestens bei deren Entbehrung in der Fremde kennen. Wie sehr der Verlust ihrer *zeitlichen Hei-*

mat sie schmerzt, könnte ihnen beim Rückblick aus einer künftigen Zeit erst bewusst werden. Sie würden das Heimatgefühl vermissen, das sich der Zeitspanne zwischen Geburt und Tod verdankt. Zwischen diesen Eckpunkten liegt die *eigene Zeit*, die in der ersten Hälfte des Lebens schier endlos erscheint, in der zweiten Hälfte aber, nach dem Schwinden des Unsterblichkeitsgefühls, plötzlich als erschreckend knapp realisiert wird. Das Leben ist nur ein Moment in der Zeit, aber es ist *mein Moment*. Zuhause ist ein Mensch in »seiner Zeit«, in der ihm Musikrichtungen und Kleidungsstile, Denk- und Verhaltensweisen vertraut sind. Werden sie ihm fremd, wird ihm bewusst, dass dies »nicht mehr seine Zeit« ist. Mit den Jahren gleitet er allmählich aus seiner Zeit hinaus. Wenn da aber gar keine eigene Zeit mehr ist?
Sollte der *sterbende Tod* real werden, hätte das Konsequenzen nicht nur für das individuelle Leben, sondern auch für die Gesellschaft, die einige Zeit brauchen würde, um sich unter den veränderten Bedingungen neu einzuspielen. Wahrscheinlich wäre es besser, das Experiment bleiben zu lassen,

aber Lassen ist nicht die Stärke der Menschen. Sie müssen vermutlich auch diesen Versuch mit der Ewigkeit machen. Es ist eine Station auf dem Weg der Menschheit durch die Zeit, der *Geschichte* genannt wird. Erst die Erfahrung erbringt Erkenntnisse. Sollte nach schlechten Erfahrungen, den Tod auf diese Weise zu überleben, der vorherige Zustand wieder wünschbar sein, wird es freilich ein Weg ohne Wiederkehr sein. Scheitert das Lebensexperiment eines Einzelnen, ist lediglich sein eigenes Leben betroffen. Führt ein Großexperiment wie dieses in die Sackgasse, könnte die Zeit des menschlichen Lebens als Ganzes abgelaufen sein. Entschwände die Menschheitsgeschichte dann am Horizont der Zeit, würde niemand sie noch in einem Museum betrachten. Nur für die anonyme Bestattung der sterblichen Überreste in der Unendlichkeit des Universums wäre gesorgt.

Muss es so weit kommen? Aber wer traut sich zu, der Versuchung der Verewigung des diesseitigen Lebens zu widerstehen? Was mache ich selbst in dieser Situation? Zum Helden des Widerstands gegen die neuen Möglichkeiten tauge ich nicht. Sollte sich eine zeitliche Grenze als unumgänglich erweisen, würde ich sie nicht zu knapp bemessen wollen. Wie weit meine Mittel reichen würden, mir mehr Zeit zu kaufen, ist noch offen. Mein Arbeitspensum jedenfalls könnte für weitere 500 Jahre reichen. Meine ausufernden Reisewünsche könnte ich mir dann endlich erfüllen. Mit den liebsten Menschen bliebe ich gerne so lange zusammen. Würde der Abschied nach einer solchen Zeitspanne leichter fallen? Nostalgisch könnten Menschen sich an die Zeit erinnern, als der Tod irgendwann noch von selbst dem Leben eine Grenze zog, in den meisten Fällen zwar zur falschen Zeit, aber immerhin eine Grenze. Sollte die Grenzziehung ausbleiben und sich dennoch als unverzichtbar erweisen, könnte es für alle Ichs zu einer Aufgabe der Lebenskunst werden, die Grenze ihres Lebens selbst festzulegen. Alle müssten dann tun, wofür sich bisher immer nur einige entschieden haben.

8.
Tod als Befreiung vom Leben

Eine Möglichkeit der Lebenskunst ist, das Leben selbst zu beenden. Dass die Lebenskunst eine Kunst des Sterbens in diesem Sinne umfassen kann, sah schon Seneca im 1. Jahrhundert n. Chr. so (*Briefe an Lucilius über Ethik*, 70). Sein Zögling Nero zwang ihn letztendlich wegen angeblicher Beteiligung an einer Verschwörung zum praktischen Vollzug. Aufgrund unvorhergesehener Komplikationen wurde es ein qualvoller Tod. Menschen, die aus dem Leben scheiden wollen, tun gut daran, sich zuvor ausreichend kundig zu machen.

Kaum Komplikationen sind bei einer *passiven Selbsttötung* zu erwarten, wie sie der norwegische Abenteurer Thor Heyerdahl 2002 im Alter von 87 Jahren praktizierte. Er nahm keine Nahrung, kein Wasser, keine Medikamente mehr zu sich, nachdem bei ihm Krebs diagnostiziert worden war, und starb auf diese Weise nach kurzer Zeit in seinem Haus. Es handelt sich bei dieser Verfahrensweise nicht in direktem Sinne um eine Selbsttötung. Sie wird auch nicht so gewertet. Und doch geht sie auf eine eigene Wahl zurück, ebenso wie die Entscheidung, einem ärztlichen Rat zu lebensverlängernden Maßnahmen nicht länger zu folgen. Eine Liebe bis in den Tod kann die seelisch-moralische Unterstützung dabei sein.

Anders verhält es sich mit der *aktiven Selbsttötung*. Sie beruht nicht nur auf einer eigenen Entscheidung, sondern auch auf ihrer aktiven Umsetzung. Ist das erlaubt? Die Frage ist theoretisch. Praktisch ist es unwirksam, darüber zu moralisieren. Im Falle einer fehlenden Erlaubnis dürfte es schwierig sein, den Toten noch zur Rechenschaft zu ziehen. Eine Verpflichtung, leben zu müssen, ist nicht erkennbar. Mit Verboten und Tabuisierungen dagegen anzugehen, ist sinnlos. Die Selbsttötung ist möglich und ein Mensch kann sie vollziehen. Eher wäre es angemessen, ihm nicht noch einen »Mord« anzuhängen. Eine Selbsttötung ist kein »Selbstmord«. Es fehlen Heimtücke und sonstige niedere Motive. Ein Mensch hat die Entscheidung getroffen, nicht mehr leben zu wollen, das ist zu respektieren.

Verschiedene Gründe wecken den Wunsch nach Befreiung vom Leben, der bei manchen Menschen so übermächtig wird, dass es kaum zu begreifen ist. Es kann ein verzweifeltes Leben sein, für das der Tod als definitiver Endpunkt gesucht wird. Ein »Gedankenkarussell«, das nicht als schwere Depression erkannt wird, kann zum Tod hin drängen. Er soll Erlösung von einem Leid bringen. Oder er gilt als Durchgangsstation zu einer unendlichen Weite, die die Seele, die Energie des Menschen, in der endlichen Enge nicht zu erreichen vermag. Ein Problem bleibt: Die Freiheit der Entscheidung kann eingeschränkt sein. Eine perspektivische Täuschung kann das Leben verfärben, es nicht nur rot wie bei Liebeseuphorie, sondern auch schwarz wie bei Liebeskummer erscheinen lassen, zwischendurch oft grau. Alle Erfahrung spricht dafür, dass das Leben nie nur das ist, was es aktuell zu sein scheint, sondern immer noch andere Perspektiven möglich sind und keine Farbe die Skala der Möglichkeiten erschöpft. So perspektivisch wie die Erfahrung von Sinn kann auch die der Sinnlosigkeit sein, die einer momentanen Ausweglosigkeit entspricht. Keine gute Basis für eine ultimative Wahl.

Der Mensch ist dennoch das Lebewesen, das das Leben auch verweigern kann. Wird ihm die *Freiheit zum Tod* ausdrücklich zugestanden und ist er einer Reflexion zugänglich, können ihm noch ein paar Fragen gestellt werden: Ist er sicher, keiner perspektivischen Täuschung zu erliegen? Warum will er sich das Leben versagen? Ist sein ganzes Sein damit einverstanden oder ist es nur eine Kopfsache? Kann er ausschließen, diesen äußersten Schritt irgendwann zu bereuen, wie es vielfach nach misslungenen Versuchen schon geschehen ist? Ist es gewiss, dass nach einem gelungenen Versuch jedes Leben zu Ende ist? Oder richtet sich die Hoffnung auf ein schöneres Leben nach dem Tod? Wenn die aber enttäuscht wird? Und hat er ausreichend bedacht, wie sein Schritt sich auf Andere auswirkt, die mit diesem Tod noch lange leben müssen? Wo bleibt die Rücksicht auf sie, die durch diesen Tod in eine üble Lage geraten können, sei es seelisch oder materiell?

Allerdings kann genau dies die Absicht sein, Anderen wehzutun, sie für lange Zeit zu belasten und zur Deutung des vollzogenen Todes zu nötigen, vielleicht ein Racheakt, wofür auch immer. Es ist vor allem der Freitod eines Menschen, der bei Anderen nicht enden wollende Fragenkaskaden hervortreibt: Habe ich einen Hilferuf ignoriert? Hätte ein Gespräch zur rechten Zeit alles verändern können? Hätte ich entschiedener sagen sollen, »das kannst du nicht machen«? Das treibt die Hinterbliebenen um, die sich einem Chaos von Gefühlen aus Trauer, Entsetzen, Fassungslosigkeit, Schmerz, Reue, Selbstanklage, Wut ausgesetzt sehen. Alles Leben endet irgendwann, aber der Mensch, der willentlich vorzeitig geht, besiegelt mit seinem Tod die Wahrheit seines Lebens, die er allein kennt, und vielleicht auch er selbst nicht. Er tritt die Reise in sein größtes Abenteuer an, in ein anderes Leben oder ein Nicht-Leben, ein Nichts, je nach Deutung.

Der Mensch selbst ist der Souverän seines Lebens, auch wenn er nicht mehr souverän sein kann. Wusste Whitney Houston, was sie 2012 im Alter von 48 Jahren tat, als sie baden wollte und im Drogenrausch in der Badewanne ertrank? Kann die großartige Popsängerin die Situation bewusst herbeigeführt haben? Mehr noch als das Leben ist die Verfügung über den Tod das Eigentum eines Menschen, das niemand ihm nehmen kann. Er will so handeln und kann vielleicht nicht anders, wer wüsste das zweifelsfrei zu beurteilen? Die Selbsttötung kann der Schlusspunkt eines leidenschaftlichen Lebens sein, in dem alle Kräfte wachgerufen und ausgepresst wurden und auch ein selbstschädigendes Verhalten gerechtfertigt erschien. Und sie kann die letzte Konsequenz eines Selbstausschlusses aus dem Leben sein, der letzte Akt einer lustvollen oder qualvollen Selbstpeinigung bis hin zur Selbsthinrichtung.

Fragen könnten umgekehrt auch denen gestellt werden, die das Leben bejahen: Wissen sie wirklich, was sie tun? Haben sie es sich gut überlegt? Haben sie, frei von allen Zwängen, eine bewusste Wahl des Lebens getroffen? Das Wertvollste an der *Möglichkeit* der Selbsttötung besteht darin, dass Menschen sich darüber klarer werden, dass dies ihr Leben ist. Gerade die Auseinandersetzung mit dem Tod führt entschieden zum Leben. Wer auf die Möglichkeit der Abwahl verzichtet, hat zum ersten Mal sein Leben selbst gewählt, dem nicht etwa ein »Wert an sich« eigen ist, sondern der Wert, den Menschen ihm geben. Für seine Wertschätzung spricht, dass es schade ist, sich für die Möglichkeiten, die es bietet, gar nicht erst zu interessieren, sodass es unbeachtet und unausgeschöpft dahingehen muss.

Mit einer *egoistischen* Selbsttötung kann ein Mensch Anderen die Lasten hinterlassen, die er selbst nicht mehr tragen will, oder ihnen sogar bewusst die Last aufbürden, die dieser Tod für sie bedeutet. Eine *altruistische* Selbsttötung hingegen soll Andere eher von der Last befreien, zu der das Ich aus eigener Sicht für sie geworden ist. Es kann sich um eine *wenig überlegte*, kurzschlüssige Selbsttötung handeln, etwa wenn eine alte Frau sich aus dem Fenster stürzt, um dem Umzug in das ungeliebte Altersheim zu entgehen, in das die Angehörigen sie bringen wollen. Oder es ist eine *lange überlegte*, vorbereitete Selbsttötung, wenn das Leben nicht mehr auszuhalten ist oder das Sterben bei einer unheilbaren Krankheit abgekürzt werden soll.

Erst dann, wenn der Sterbewillige über die Mittel, sein Leben zu beenden, nicht mehr selbst verfügen kann, stellt sich die Frage einer *passiven Sterbehilfe*. Es geht dabei um den praktischen Beistand bei einer Selbsttötung, die ein Mensch zwar selbst vollzieht, für die er aber auf Andere angewiesen ist, die ihm die Mittel besorgen. Die Beihilfe belässt alle Verantwortung bei dem, der den letzten Schritt geht. Ihm behilflich zu sein, ist keine Tötung und kein Mord. Und doch bringt er den, der mit einem solchen Wunsch konfrontiert wird, in eine schwierige Situation: Ist es ein Akt der Freundschaft oder der Liebe, auch der Menschen- und Nächstenliebe, dem Wunsch nachzukommen – oder ganz im Gegenteil, den Sterbewilligen von seinem Vorhaben abzubringen? Können Dritte in der Beihilfe gar eine unterlassene Hilfeleistung angesichts eines Menschen in Not sehen? Die Rechtslage in Deutschland ist klarer seit der Entscheidung des Bundesverfassungsgerichts von 2020, dass ein »Recht auf selbstbestimmtes Sterben« auch eine Beihilfe zum Suizid legitimiert.

Als passive Sterbehilfe kann ebenso betrachtet werden, was aus einer *Patientenverfügung* resultiert. In ihr dokumentiert ein Mensch seine Entscheidung, auf lebensrettende oder lebensverlängernde Maßnahmen im äußersten Fall zu verzichten. Immer wieder kommt es allerdings vor, dass jemand, der nach Eintreten dieses Falls doch wieder das Bewusstsein erlangt, seine frühere Verfügung widerruft. In keinem Fall kann ein Arzt, eine Ärztin zum Vollzug der Verfügung gezwungen werden, denn es besteht keine Pflicht zur Tötung eines Menschen, auf welche Weise auch immer. Sollte der betroffene Mensch nicht mehr selbst entscheidungsfähig sein, da sein Gehirn irreversibel geschädigt ist und die Hirnströme versiegen, müssen Ärzte, die Mitglieder eines Klinischen Ethikkomitees und die nächsten Angehörigen sich auch ohne Verfügung zu einer Entscheidung durchringen.

Probleme eigener Art wirft die Wahl auf, die ein Mensch zwar bewusst trifft, aber nicht selbst vollziehen kann, sodass er *aktiver Sterbehilfe* bedarf. Sie zieht Andere in die Verantwortung und bedarf aus Gründen der Vorsicht einiger Regelungen. Es handelt sich um eine Tötung, wenn auch auf Verlangen, und womöglich um Totschlag, wenn das Verlangen bezweifelbar ist. Um nicht Mord und Totschlag Tür und Tor zu öffnen, muss die Gesetzgebung Sorge dafür tragen, hier enge Grenzen zu ziehen. Vor allem ältere Menschen ängstigen sich, Anderen hilflos ausgeliefert zu sein. Die Autonomie des Einzelnen zu achten erfordert, ihn vor unliebsamen Übergriffen zu schützen. Der selbstverantwortlichen Freiheit eines Menschen, auf eigenen Wunsch aus dem Leben zu scheiden, steht die Verantwortung der Gesellschaft gegenüber, ihn vor einer »Überdosis Liebe« zu bewahren, an der er sterben kann, wenn Andere beispielsweise danach gieren, möglichst bald erben zu können.

Die Vorsicht gebietet allen Beteiligten, bei einer aktiven Sterbehilfe jeden Schritt nur nach reiflicher Überlegung mit einigen Zweifeln und Skrupeln zu gehen, damit das selbstbestimmte Lebensende, das die erhoffte Erlösung bringen soll, nicht noch zum finalen Entsetzen wird. Deutschland tut sich freilich schwer mit einer entsprechenden Gesetzgebung. Wie so oft erscheint hier das Festhalten an prinzipiellen Positionen wichtiger als ein pragmatisches Vorgehen, wie es in den Niederlanden (seit 2002) oder in Portugal (seit 2023) möglich ist. Unabdingbar sind *Sorgfaltskriterien*, deren Einhaltung überprüft wird. Es muss dafür gesorgt sein, dass der Todeswunsch wirklich der Wille des Menschen ist. Die Entscheidung sollte in zeitlichem Abstand wiederholt bekundet werden, um auszuschließen, dass es sich um eine momentane Gefühlsaufwallung handelt. Unheilbare Krankheit kommt als anerkennenswerter Grund am ehesten in Betracht. In der Beratung mit einem Arzt, einer Ärztin sollte abgeklärt werden, ob nicht noch eine andere annehmbare Lösung in der jeweiligen Situation verfügbar ist. Mindestens ein anderer Arzt, eine Ärztin sollte bestätigen, dass die Kriterien erfüllt sind und der Sterbewillige seinen Entschluss nicht mehr selbst in die Tat umsetzen kann. Dann erst dürfen Ärzte, die dazu bereit sind, niemand sonst, die aktive Sterbehilfe vollziehen.

Dass die mögliche Abwahl des Lebens diejenige Wahl ist, die ein Mensch am längsten und gründlichsten abwägen sollte, versteht sich von selbst. Auf keinen Fall sollte sie spontan getroffen werden, nicht aus moralischen Gründen, sondern aus Gründen der Lebenskunst, der bewussten Lebensführung. Dazu rät die Erfahrung derer, die durch Situationen hindurchgegangen sind, in denen sie den Tod für die einzige Lösung hielten, dies jedoch rückblickend als kurzsichtig bewerten, froh, die letzte Konsequenz nicht gezogen und so den Tod überlebt zu haben. Sinnvoll erscheint ein Freitod bei Abwägung aller Gründe für und gegen ihn letztlich nur als Antwort auf eine Unausweichlichkeit, bei unheilbarer Krankheit oder bei unerträglichem Terror. Mit der ausdrücklichen Bitte um Verständnis, die an alle adressiert werden sollte, in deren Leben dieser Tod eingreift. Denn auch diesen Tod müssen Andere überleben. Egal um welche Art von Tod es geht – er markiert einen tiefen Einschnitt, der die Lebenden so sehr schmerzen kann, dass es eine Frage des Weiterlebens wird, Trost zu finden.

9.
Was kann Menschen trösten?

»Das Leben geht weiter«, sagen viele. Es ist als Trost gemeint, »muss ja«. Aber nein, muss es nicht. Es geht nicht einfach weiter. Jetzt ist Tod. Viel später erst wächst das Bedürfnis nach Trost, der ein Weiterleben ermöglicht, vorausgesetzt, dass ein Mensch überhaupt Trost finden will. Er könnte auch darauf verzichten wollen, um die Verbindung zum Verstorbenen im Schmerz zu spüren. Niemand hat darüber zu befinden, außer dem Betroffenen selbst. Wenn aber Trost, dann hat die Fähigkeit dazu und die Empfänglichkeit dafür auch mit früheren Erfahrungen zu tun. Manche waren schon als Kind dazu in der Lage, sich trösten zu lassen, auch sich selbst zu trösten, beispielsweise mit Phantasiewelten. Andere haben früh darunter gelitten, ungetröstet zu bleiben. All das trägt zur »Trostgeschichte« eines Menschen bei (Irmtraud Tarr, *Trost*, 2007, 48). Davon hängt es ab, ob und wie jemand in seinem Leben Trost finden kann, wenn etwas schmerzt, ein Misserfolg, eine Missachtung durch Andere, eine Enttäuschung, ein Liebeskummer, eine Trennung vom geliebten Menschen, und sei es nur vorübergehend, erst recht aber, wenn das physische Zusammensein unwiderruflich endet.

Menschen scheinen unter allen Wesen diejenigen zu sein, die am meisten des Trostes bedürfen, eine Besonderheit, die vermutlich mit den Eigenschaften ihrer Seele und ihres Geistes zusammenhängt. Mehr als andere Wesen sind sie imstande, die *ontologische Differenz* zwischen möglichem Sein und wirklichem Dasein wahrzunehmen. Nach Trost verlangt bereits die Erkenntnis, dass nicht alles, was möglich ist, auch wirklich werden kann. Ebenso der wehmütige Abschied von einer Wirklichkeit, in der ein Mensch gerne lebt, die er aber zugunsten neuer Möglichkeiten hinter sich lassen muss, beruflich oder privat.

Am meisten Trost aber braucht die Erfahrung der *Tragik*, der Unabänderlichkeit, die einem Menschen bewusst wird, wenn eine Wirklichkeit endgültig besiegelt ist und keine Möglichkeit mehr offensteht, etwa bei einer unheilbaren Krankheit.

Tragisch ist, dass etwas Ungutes geschieht, das nicht mehr aus der Welt zu schaffen ist. Dass etwas wehtut, das nicht wieder gutzumachen ist. Dass allenfalls die Verletzung, nicht jedoch die Verletzlichkeit heilbar ist. Dass eine Enttäuschung zu groß ist, um noch bewältigt werden zu können. Dass es Ungutes und Unwahres überhaupt gibt. Dass das Leben schrecklich abgründig ist.

Was auch immer die Gründe für das Bedürfnis nach Trost sein mögen – im Grunde handelt es sich immer um *energetische Gründe*. Trost braucht der, dessen Lebensenergie geschwunden ist. Mit dem Trost gewinnt er oder sie von Neuem Energie, fasst wieder Vertrauen zu sich und Anderen, zum Leben und zur Welt. Was geschehen ist, kostet Kraft, und Trost bringt sie zurück. Er wirkt heilsam und verleiht dem Selbst eine innere Festigkeit wie ein Baum (im englischen *tree* hat sich die indogermanische Herkunft des deutschen Wortes »Trost« erhalten). Trostlosigkeit hingegen ist gleichbedeutend mit Kraftlosigkeit. Findet ein Mensch keinen Trost, bleibt er heillos allein mit seiner Verletzung, seinem Leid, seiner Verzweiflung.

Entscheidend für eine Antwort auf die Frage, was Menschen trösten kann, ist somit der *Zugang zu Energien*, den sie sich verschaffen oder der ihnen von Anderen verschafft wird. Energien müssen fließen, um erfahrbar zu werden, und sie fließen dort, wo Zusammenhänge sind, die »Sinn« genannt werden. *Sinn tröstet*, darin besteht das Wesen des Trostes. Sich das ganze Panorama des möglichen Sinns zu vergegenwärtigen, ist hilfreich, um für sich herauszufinden: Was kann mich trösten? Und wie kann ich versuchen, Andere zu trösten?

Trostreich sind zuallererst *sinnliche Erfahrungen*. Sie stellen Zusammenhänge zwischen Selbst und Welt, Selbst und Anderen her und bestärken sie mit Lüsten und Genüssen, wenigstens für einen erholsamen Moment, sofern die Schmerzen nicht alle Sinne betäuben. Ein *Augentrost* sind Blumen (eine heißt auch so), Farben, ein reizvoller Anblick, eine schöne Umgebung, die keine »trostlose Gegend« ist. Trost vermittelt ein gemütlicher Raum, ein toller Ort, der mit bejahenswerten Erfahrungen verbunden ist, ein starkes Naturerlebnis. Trostreich ist jeder sinnliche Umgang mit schönen Dingen, und seien sie noch so unscheinbar, kunstlos oder kunstvoll, neu oder seit langem vertraut (Daniel Miller, *Der Trost der Dinge*, 2010). Trösten kann ebenso ein Duft, eine Berührung, eine Umarmung, eine gern gehörte Stimme, Gespräche, Musik, jede Art von Bewegung, Gehen, Rennen, Schaukeln, Tanzen. Und nicht zuletzt ein gutes Essen, mit dem die Welt schon gleich wieder anders aussieht. Jeder Mensch kennt seine eigene *Trostkost*, viele finden bei Suppen und Süßigkeiten neue Zuversicht.

Wo sinnliche Zusammenhänge erfahrbar werden, setzen sie Kräfte frei. So sehr kann Sinnlichkeit trösten, dass manche sich kopfüber in ihre Lüste stürzen, egal in welche. Es können einsame Lüste sein, denn nicht immer ist der Trost an gemeinsame Erlebnisse mit Anderen gebunden. Enormen Trost gewähren jedoch auch Lüste des Zusammenseins und insbesondere *erotische Lüste*, die mit ihrer Intensität eine bedrückende Situation völlig vergessen machen können. Erotik ist die intime Erfahrung der Fülle des Lebens, die weltliche Erlösung von allem Kummer und sämtlichen Problemen der Welt. Daher liegt die Versuchung nahe, sich »mit jemandem zu trösten«, nicht nur, aber auch in sexueller Form: *Sex tröstet.* Mag sein, dass dieser Trost eine zeitliche Grenze hat, da alle Sinnlichkeit vergänglich ist. Aber sie kann auch erneuert werden und den Einzelnen im Einssein mit einem Anderen jeweils für einen Augenblick aus dem Gefängnis der momentanen Wirklichkeit befreien.

Über die körperliche Sinnlichkeit hinaus sorgen vor allem die gefühlten Zusammenhänge mit Anderen für *seelischen Sinn: Beziehung tröstet.* Jede bejahende Beziehung zu Menschen, Wesen und Dingen bringt dies zustande, beginnend jedoch mit der Beziehung zu sich selbst. Wer sich selbst ein Freund sein kann, findet bei sich bereits Trost. Erst recht in Beziehungen zu Anderen: Menschen fühlen sich getröstet, wenn sie mit ihrem Schicksal nicht allein sind. Das macht das Glück von Freundeskreisen und auch den Erfolg von Selbsthilfegruppen aus. Äußerst trostreich aber ist die Beziehung zu dem einen Anderen, der für mich da ist, meine Hand hält, über meine Wangen streicht und in dessen Fürsorge ich mich aufgehoben fühlen darf, wenigstens zeitweilig, bis ich wieder zu Kräften gelangt bin.

Nicht nur am Ende des Lebens hat die Ummantelung durch Andere Sinn, sondern immer dann, wenn ein Ich nicht mehr zur Sorge für sich in der Lage ist. Was tröstet, ist die *Großmut*, die in der Aufmerksamkeit und Einfühlung eines Anderen zum Ausdruck kommt, ein wahres Geschenk. Trösten kann die *Sanftmut*, die gleichsam mit Milch und Honig jede Härte und Bitterkeit vergessen macht. Tröstlich ist die *Langmut*, die Geduld, mit der ein Anderer dem Ich beisteht. Trost vermittelt die *Demut*, mit der das Ich selbst und Andere etwas hinnehmen können, das sich nicht ändern lässt. Und ein großer Trost ergibt sich daraus, *Andere* zu trösten: Aus dem Gefühl heraus, ihnen helfen zu können, erwächst ein starker Zusammenhang mit ihnen. Beziehungen vertiefen sich auf diese Weise.

Trostreich ist alles, was seelische Energien in Bewegung bringt und einen Menschen davon abbringt, sich in sich selbst zu vergraben. Das *Weinen* treibt nicht nur die Tränen, sondern auch die Energien der Seele aus dem Inneren hervor, das beklemmend eng geworden ist. Die Tränen sind ein Ausdruck des Schmerzes und zugleich eine Erfahrung des Trostes, denn sobald sie geweint sind, wird einem wie von Zauberhand »ganz leicht ums Herz«. Etwas Ähnliches geschieht beim *Lachen*, das das Innere nach außen kehrt und nicht einfach nur Ausdruck einer oberflächlichen Fröhlichkeit, sondern einer abgrundtiefen Heiterkeit ist, die mit der Traurigkeit verschwistert ist. Reichen Trost bietet der *Humor*, der es ermöglicht, sich aus einer festgefahrenen Situation herauszukatapultieren, um sie wie von außen zu sehen. Zwar kann das Ich nicht beliebig in sich selbst Humor erzeugen, aber die Offenheit für den Humor Anderer ist jederzeit möglich, oft bereits beim »Leichenschmaus«.

Alle Kunst und Kultur tröstet damit, Gefühlen Ausdruck zu verleihen, insbesondere jede Art von *Musik*, in der Energie hörbar wird. Sie vermittelt einem Menschen Sinn, da er sich in die kunstvoll komponierten Zusammenhänge eingebettet fühlen kann, erst recht, wenn er selbst Musik macht, singt oder ein Instrument spielt. Alles Aufbäumen legt sich, aller Schmerz erscheint aushaltbar unter dem Eindruck der Musik von Bach, deren genaue Bemessenheit dem aus den Fugen geratenen Leben ein Maß gibt. Auch ein einziges Werk kann voller Trost sein, etwa das gleichmäßige Dahinplätschern der *24 Préludes* von Frédéric Chopin, ein Vorspiel für jede Stunde des Tages. In diesem Wohlklang schwingt die Seele mit, der Wechsel zwischen Dur und Moll verleiht der ganzen Spannweite der Empfindungen eine Sprache. Alles Negative reduziert sich wieder darauf, Element einer Polarität zu sein, die nun mal die Bedingung des Lebens ist. Nietzsche war sich sicher, dass es keinen Trost gibt, außer »in Tönen« (Brief vom 22.6.1887 aus Sils-Maria an Heinrich Köselitz in Venedig).

Geistig kann das *Denken und Deuten* tröstlich sein, mit dem wirkliche und mögliche Zusammenhänge zwischen den herumliegenden Scherben des Lebens zu finden sind, um ein Geschehen erklären und verstehen zu können. Nicht immer ist klar, *warum* etwas geschieht, denn das Geflecht kausaler Zusammenhänge ist kaum je vollständig zu entwirren. Das könnte die Fragen nach einer »Schuld«

besänftigen. Fast immer aber lässt sich klären, *wozu* etwas gut sein kann, denn abseits wirklicher Zusammenhänge können Menschen sich mögliche ausdenken, um daraus Kraft zu schöpfen. Trösten kann etwa die Deutung, dass »eine Herausforderung zu bestehen ist« und dass dieses Schicksal »für irgendetwas gut sein wird«. Sollte es nicht mir zugutekommen, so doch Anderen, die etwas daraus lernen können.

Tröstliche Gedanken, Worte und Sätze fliegen einem Menschen oft zur rechten Zeit von irgendwoher zu. Das führt zur Überzeugung, es müsse ein Sinn darin liegen, ihnen gerade jetzt zu begegnen. Aber im Grunde sind sie immer da, nur die Aufmerksamkeit auf sie ist neu, und was ein Mensch am meisten braucht, das elektrisiert ihn auch am meisten. Trostreiche Gedanken sind Büchern zu verdanken: *Lesen tröstet.* Die beschriebenen Wirklichkeiten erlauben, eigene Erfahrungen einzuordnen und als etwas zu verstehen, das menschliches Leben ausmacht. Die erfundenen Möglichkeiten führen vor Augen, dass noch sehr viel zu entdecken ist. Und *Schreiben tröstet,* vor allem das Aufschreiben dessen, was geschehen ist, um das Innere nach außen zu kehren und mit jeder Äußerung von einer Last zu befreien. Auch *Reden tröstet*, denn jedes gesprochene Wort, beinahe egal welchen Inhalts, kann Schmerzen lindern und ein Leiden besänftigen. Es knüpft einen Faden der Verbindung zwischen Menschen und entreißt sie allein damit schon ihrer Einsamkeit und Verlorenheit.

Trösten kann nun doch, dass das Leben »weitergeht«, in einer alltäglichen und einer tieferen Bedeutung. *Alltag tröstet*, wenn das Leben kaum noch auszuhalten ist. Durch alle Brüche und Umbrüche hindurch bewahren vertraute Gewohnheiten den Zusammenhang der Kontinuität und ermöglichen dem Schmerz die Zerstreuung in der Zeit. Als heilsam wird im Alltag die *Arbeit an einer Aufgabe* erfahren, die über das eigene Ich hinausreicht und größer ist als das, was leidvoll ist, eine »Selbsttranszendenz« im Sinne Viktor Frankls. Ich bin für etwas oder jemanden da, das ist jetzt der Sinn meines Lebens. Gehört es zur Aufgabe, irgendetwas zu ordnen, hilft das, dem eigenen Selbst wieder eine Struktur zu geben.

Auf solche Weise geht das Leben weiter, letztlich über das bestehende Leben hinaus, wenn es *in Anderen und anderswo* neu auflebt. Nichts tröstet angesichts des Todes so sehr wie der Anblick der Kinder, die das Leben weitertragen. Sie überleben den Tod, immer aufs Neue. Und sie nehmen ihrerseits vielleicht eine neue Art von Trost in Anspruch. *Digital-Afterlife*-Technologien verändern mit Sprachnachrichten und Videos, die die Vorfahren hinterlassen, das Gedenken. Beizeiten produzierte Hologramme oder nachträglich verfertigte Avatare, mit denen »wie in echt« kommuniziert werden kann, ermöglichen fortgeschrittene Versionen des *Dinner for One*. Im entstehenden Metaversum können die Nachgeborenen den Verstorbenen beinahe leibhaftig begegnen.

Sinnerfüllend und voller Trost ist letztlich der gefühlte und gedachte *transzendente Sinn*, unabhängig davon, ob er säkular oder religiös verstanden wird. Entscheidend ist, sich in »etwas Größerem« geborgen fühlen zu können, in einem Allumfassenden, das niemanden allein lässt, da es allgegenwärtig ist. Den übergroßen metaphysischen

Schmerz, der entsteht, wenn Menschen sich ihrer Sterblichkeit bewusst werden, kann am besten ein metaphysischer Trost auffangen, der nicht »jenseits der Natur« (griechisch *meta physis*) liegen muss. Auch auf weltliche Weise ist ein Gefühl des Aufgehobenseins in einer Unendlichkeit möglich, in völlig *nüchterner Mystik*, mit der ein Ich sich nicht mehr metaphysisch einsam fühlt.

Trösten können die bewährten transzendenten Fähigkeiten, die ein Denken, Fühlen und Handeln über die Gegenwart hinaus ermöglichen. Jeder Mensch kann sich für den *Glauben* entscheiden, dass ein Leben und Zusammenleben über das menschliche Leben hinaus möglich ist und dass etwas oder jemand namens »Gott« das Ganze mit Sinn erfüllt. Auf der eigenen Haltung beruht auch die *Liebe* über das Ich hinaus zu anderen Menschen, zum Leben, zur Welt überhaupt und zu etwas Größerem, das namenlos bleibt, jenseits aller Endlichkeit und Wirklichkeit. Jede dieser Lieben hält so viel Intensität bereit, dass sich die Frage nach dem Sinn nicht mehr stellt. Und mit *Hoffnung* vertraut ein Mensch darauf, dass es sinnvolle Zusammenhänge gibt und dass etwas, das aus dem Lot geraten ist, auch wieder gut werden kann, wenngleich nicht schon jetzt. Da ist außerdem die *Zuversicht*, mit der ein Mensch nicht einfach nur darauf vertraut, dass alles gut wird, sondern mehr noch darauf, alles gut bewältigen zu können, auch wenn es nicht gut werden sollte.

Transzendenten Trost vermitteln schließlich *Rituale*, wie Menschen sie zu allen Zeiten und in allen Kulturen erfunden haben. Sie bieten *Formen* für das Verhalten und den Ausdruck von Gefühlen an. Niemand muss überlegen, was als Nächstes kommt, nichts ist zu verhandeln und zu entscheiden. Wer weiß, was zu tun ist, fühlt sich weniger verloren. Für den sprachlichen Ausdruck offerieren Rituale *Formeln*, beispielsweise Gebetsformeln, die nicht neu erdacht, nur wieder aufgegriffen werden müssen. In mehrfacher Hinsicht überschreiten Rituale das Leben des Einzelnen: An ihrem Vollzug können viele teilhaben und sich auf diese Weise in einer Gemeinschaft aufgehoben fühlen. Sind die Formen und Formeln sehr alt, stellen sie eine Verbindung zu unvordenklichen Zeiten her, seit denen sie endlos wiederholt werden, sowie zu fernen, künftigen Zeiten, bis zu denen sie immer weiter gepflegt werden. Ein Problem ist die Ablehnung traditioneller Rituale, die »nicht modern sind«. Denn dann müssen neue erfunden werden, um bei der zweiten oder dritten Wiederholung bereits von einer alten Tradition zu sprechen, die womöglich alsbald der Vergessenheit anheimfällt.

Die Vielzahl von Trostmöglichkeiten zeigt: Im Grunde steht jedem Menschen in jeder Situation reichlich Trost zur Verfügung. Die Frage ist nur, ob er oder sie das auch so sieht, um sich selbst zu trösten und die Angebote Anderer dazu anzunehmen. Wenn nicht, kann Trostlosigkeit und Untröstlichkeit die Folge sein. In moderner Zeit scheint diese Erfahrung um sich zu greifen, denn der moderne Traum sieht vor, mithilfe von Erkenntnis, Analyse und Arbeit an Veränderung jede Situation zu überwinden, die trostbedürftig sein könnte. Dieses Ziel rückt aber nicht näher, und zugleich erschließt sich dem modernen Menschen der Trost nicht mehr, den eine transzendente Dimension angesichts schmerzlicher Erfahrungen bieten kann.

Die Frage ist, ob es möglich sein wird, auch auf weltliche Weise einen Bezug zur Transzendenz zu gewinnen.
Für mich selbst besteht der größte Trost darin, mit der geliebten Frau zusammenbleiben zu können, die mir unendlich viel bedeutet. Sie lebt weiter in den Gesprächen, die ich mit ihr führe, in den Gedanken und Gefühlen, die ihr gelten, in den Kindern und künftigen Kindeskindern, in ihren Freundinnen und Freunden, in dem neuen Garten, dessen Standort sie noch selbst aussuchte und den ich für sie so anlege, wie ich denke, dass es ihr gefällt. Sollte sie aus der energetischen Dimension, in der ich sie vermute, darauf schauen können, soll sie sehen, wie dankbar ich ihr bin.

10.
Was ich meiner Frau verdanke

Noch einmal erklingt Johann Sebastian Bach. »Eine Kantate von Bach«, wünschte sich meine Frau für ihre Abschiedsfeier, die ausdrücklich nur eine *symbolische* sein sollte und auf gar keinen Fall eine Trauerfeier. Eine Kantate zum Auftakt, »die soll Wilhelm für sich aussuchen«. Da kam nur die Kantate in Frage, die Bach 1724 in Leipzig für Weihnachten komponierte (BWV 133). Meine Frau starb an Heiligabend und die Kantate trägt den Titel, bei dem ich immer schon an sie dachte: »Ich freue mich in dir«.

Das Wichtigste von dem uferlos Vielen, das ich ihr verdanke: Ich habe von ihr *lieben gelernt*. Von allen meinen Ausbildungen war das die schönste, beste, tiefste. Sie war zarte zwanzig Jahre alt, als wir uns begegneten, aber sie war viel reifer als ich, der ich fast zehn Jahre älter war. Liebe war für sie ein großes Wort, sie meinte es sehr ernst damit. Als sie sich für unsere Beziehung entschied, war sie von diesem Moment an eine Liebende ohne Wenn und Aber, ohne jedes Kalkül, rückhaltlos, bedingungslos, voller Hingabe. Davon wich sie nie mehr ab. Für sie war klar, dass es für immer ist. Es war überwältigend, mit so viel Liebe beschenkt zu werden. Es reicht locker aus für den gesamten Rest meines Lebens.

Ich hatte sehr romantische Vorstellungen von ewiglicher Harmonie, sie nicht. Sie brachte mir nahe, dass Schwierigkeiten normal sind, leicht zu bewältigen durch Wohlwollen und Entgegenkommen, und dass keine Misslichkeit und keine Irritation die Liebe je in Frage stellen muss. Mir fiel im Laufe der Zeit auf, dass sie immer dann, wenn es mal eng wurde, zu großer Form auflief. Also genau dann, wenn Andere wegliefen. Stets war sie voller Zuversicht, dass es wieder gut werden wird, und tat auch alles dafür, nicht nur bei uns selbst, sondern auch bei den Kindern, Freundinnen und Freunden und sogar bei Fremden, die sie in schwieriger Lebenssituation antraf. Sie machte kein großes Thema daraus.

Eine Schwierigkeit hieß Alltag. Der störte mich

seit jeher, denn der Alltag ist nie sonderlich romantisch. Mühelos hebelt er die schönsten Gefühle aus. Der Kühlschrank ist leer, die Wäsche muss gemacht werden, und wer bezieht jetzt endlich mal die Betten neu? Von ihr lernte ich, dass es besser ist, nicht dagegen zu revoltieren, sondern den Alltag zu akzeptieren. Dann lässt sich besser damit umgehen. Das funktionierte. Es ist unglaublich, aber wir hatten in all den vielen Jahren keinen tristen Alltag. Den gewöhnlichen Gang der Dinge wieder zu durchbrechen, war ganz leicht mit ihr. Sie schaffte es immer, ihn aufzuladen, aufzupeppen mit Nettigkeiten, etwas Schönem, Essen, Blumen, Kleidung, Erotik.

Erst etwa eineinhalb Jahre vor ihrem Tod, als ich ihr, wie so häufig, Danke sagte für all das, was sie mir schenkt, verriet sie mir die Liebesformel, an die sie sich gehalten hatte, ein geringfügig abgewandelter Kennedy-Satz: »Denk nicht darüber nach, was er dir geben sollte, sondern darüber, was du ihm geben kannst. Was braucht er?« Ich brauchte es, ihr *Held* zu sein, ja, etwas mittelalterlich. Sie hat mir diese Bestätigung gerne gegeben, »mein

Held und Sieger«, natürlich immer mit einem Augenzwinkern. Konnte ich ihr auch nur annähernd so viel geben, wie ich von ihr erhielt? Habe ich sie in gleichem Maße verwöhnt? Es hätte auf jeden Fall mehr sein können. Sie würde jetzt bedächtig nicken, aber auch nachsichtig sagen: »Du konntest halt nicht anders, sonst hättest du es ja gemacht.« Mehr als alle alltäglichen Verrichtungen liebte sie unsere Gespräche und die gemeinsamen Unternehmungen. Immer und überall hatte sie Zeit für eine Anmerkung, einen Bericht oder eine Diskussion, und am liebsten war ihr eine Umarmung, einfach so zwischendurch. Oft teilten wir sogar die Atemzüge miteinander, Mund auf Mund. Nie mehr werde ich mit einem Menschen dermaßen vertraut sein, nie mehr eine so innige Heimat haben. Eigentlich war ich ein melancholischer junger Mann gewesen, als ich mit ihr zusammenkam. Jahre später stellte ich erstaunt fest, dass die Melancholie verflogen war. Das bewirkte das bloße Zusammensein mit ihr. War ich mal aus irgendwelchen Gründen niedergeschlagen, hörte sie so lange meinen Klagen darüber zu, bis die negative Energie verpufft war.

Einmal sagte sie: »Zusammen haben wir Nerven wie Drahtseile.«
Ihr verdanke ich mein Leben, wie es über fast vierzig gemeinsame Jahre hinweg geworden ist. Ihre Zuwendung hat mich stark gemacht für den langen Weg, den ich beruflich ging. Darüber, was wir uns wechselseitig geben konnten, sprachen wir wiederholt in den Jahren vor ihrem Tod, als es uns klarer als sonst vor Augen stand: Eine überaus große *Lebensgewissheit.* Wir haben viel gewagt in unserem gemeinsamen Leben, da wir uns sicher waren: Es kann nichts schiefgehen, im Zweifelsfall haben wir immer noch uns. Wir mochten es, wie Max Raabe davon sang, dessen Konzerte wir gerne besuchten: »Mir kann nichts passier'n, solang' du bei mir bist« (Album *Für Frauen ist das kein Problem*, 2013).
Die Liebe ist der Sinn des Lebens, das habe ich von ihr gelernt, nicht theoretisch, sondern praktisch. Nach ihrem Tod erst erfuhr ich, dass sie einer Freundin nach den ersten Jahren unserer Beziehung anvertraut hatte, ihr eigenes »endloses und unbefriedigendes Grübeln« habe ein Ende gefunden. Sie, die auf der Suche nach dem Sinn des Le-

bens gewesen war, als wir uns kennenlernten, hatte ihn auf eine so hinreißende Weise in der Liebe gefunden, wie es in einem weiteren Musikstück zum Ausdruck kommt, das sie sich für ihre symbolische Abschiedsfeier wünschte: *La vie en rose* von Edith Piaf, dessen Liedzeilen Wort für Wort für unsere Beziehung wahr sind. Sie wünschte es sich aber in der Version von Louis Armstrong, mit weniger Worten, umso eindringlicher von seiner Trompete bekräftigt.

Uns war bewusst, wie ungewöhnlich das war, was wir lebten. Wir taten viel dafür, dass es so blieb. Liebe kann gelegentlich abflauen, aber Astrids Bereitschaft war übergroß, einen neuen Impuls aufzunehmen und wieder und wieder in die volle Verliebtheit einzutauchen. Nach 25 Jahren fragte ich sie, ob sie sich von mir entführen lasse, an einen Ort, den sie nicht kenne. Das fand sie toll. Als wir in Berlin-Charlottenburg den Regionalzug nach Eisenhüttenstadt bestiegen, war sie keine Sekunde irritiert: »Oh, wir werden eine schöne Zeit dort haben!« Als dann der Zug unterwegs am Flughafen Schönefeld hielt, verriet ich ihr, dass wir hier aussteigen müssen. Vor der Anzeigentafel bat ich sie, ein Ziel auszusuchen. Sie entschied sich für Venedig. Das hatte ich zufälligerweise bereits gebucht. Es wurden zauberhafte Tage. Wiederholte Male waren wir dort. Unzählige Male waren wir gemeinsam unterwegs. »Die Ausflüge und Reisen mit Dir sind so schön immer«, notierte sie mir nicht lange vor ihrem Tod auf einem ihrer vielen Zettel, die ich alle aufbewahrt habe.

Wir sind Hand in Hand durchs Leben gegangen, wirklich, im buchstäblichen Sinne. »Wohin auch immer es führt, es ist unser gemeinsamer Weg«, schrieb sie auf demselben Zettel, »und wir halten uns an den Händen.« Vom Anfang bis zum Ende hielten wir es so, beim Gehen sowieso, aber auch im Kino, im Konzert, im Zug, im Flugzeug, abends auf dem Sofa, und oft bemerkte ich mitten in der Nacht, dass unsere Hände ineinanderlagen. Diese Ebene hatten wir immer, keiner hat je die Hand des Anderen zurückgewiesen. Das war unsere federleichte Ebene ohne Worte, mit tiefem Einverständnis. Fanden sich unsere Hände, durchströmte uns sofort die Wärme. »Wenn meine Hand in deiner ist, weiß ich, dass alles gut ist«, sagte sie einmal ganz beiläufig.

Da war die sonderbare »Lücke« geschlossen, die sie immer wieder schmerzte. Sie sprach oft von dieser Lücke, die sie von Kindheit und Jugend an kannte. Es war ihr Ausdruck für etwas, das ich nie so recht verstanden habe. Vielleicht war es manchmal eine Lücke zwischen uns, denn anders, als vielleicht zu vermuten wäre, hatten wir kein symbiotisches Verhältnis zueinander. Es blieb eine konstante Aufgabe für uns, Nähe und Distanz auszutarieren. Sie brauchte sehr viel Nähe, ich mehr Distanz. Wir haben immer einen Kompromiss gefunden, aber nie eine dauerhafte Balance.

Mehr noch aber war die »Lücke«, glaube ich jetzt, ihr Ausdruck für die ontologische Differenz zwischen Wirklichsein und Möglichsein, wovon zuvor schon im Text die Rede war. Sie, die die Dinge mit Ausnahme ihrer wichtigsten Beziehungen gerne in der Schwebe hielt, in der Weite der Möglichkeiten, litt darunter, dass alle Wirklichkeit eine Verengung ist. Sie liebte die Unbestimmtheit und Offenheit, aber das Leben verlangt hier und da Bestimmtheit und Festlegung ab. Möglich ist prinzipiell alles, aber sobald etwas wirklich wird, gewinnt es an Festigkeit und unterliegt fortan der Vergänglichkeit. Sie selbst fühlte sich im unvergänglichen *Seinsmeer* der Möglichkeiten beheimatet, im »Land jenseits der Worte«. Dass sie von dorther komme und dorthin zurückkehre, schrieb sie mir vor ihrem Tod ausdrücklich auf. »Da kannst du mich finden.«

Vermutlich aus diesem Grund war sie, anders als ich, von der fatalen Diagnose keineswegs paralysiert. Sie spüre das reine Sein jetzt mehr als je zuvor, sagte sie. Am liebsten wolle sie mir eine »Magnum-Flasche« des Gespürs dafür abfüllen, damit ich nicht mehr so traurig und verzweifelt sei.

Das könnte eine Antwort auf die Frage sein: *Wo ist meine Frau?* Sie ist wohl in dieser Dimension des Möglichseins, in die sie sich in Gedanken und Gefühlen oft in ihrem Leben zurückgezogen hat, auf der anderen Seite der Lücke. Ihr letzter Blick in meine Augen kam von dort, ganz nah aus weiter Ferne. Im allerletzten Moment, unmittelbar bevor das Feuer ihre sterblichen Überreste definitiv in

Energie verwandelte, habe ich noch einmal ihre Hände berührt. Danke, du wunderbare Frau, dass ich dein Mann sein durfte.

Zum Autor

Wilhelm Schmid, geboren 1953 in einem Ortsteil von Krumbach (Bayerisch-Schwaben), lebt als freier Philosoph in Berlin. Er studierte Philosophie und Geschichte in Berlin, Paris und Tübingen. Bis zur Altersgrenze lehrte er Philosophie als außerplanmäßiger Professor an der Universität Erfurt. Zeitweilig war er tätig als Gastdozent in Riga/Lettland und Tiflis/Georgien, sowie als philosophischer Seelsorger an einem Krankenhaus in der Nähe von Zürich/Schweiz. 2012 wurde ihm der deutsche Meckatzer-Philosophiepreis für besondere Verdienste bei der Vermittlung von Philosophie verliehen, 2013 der schweizerische Egnér-Preis für sein Werk zur Lebenskunst. Umfangreiche Vortragstätigkeit im In- und Ausland zu den Themen seiner Bücher, die auch in zahlreichen Übersetzungen vorliegen. www.lebenskunstphilosophie.de
YouTube:
Wilhelm Schmid – Philosophische Spaziergänge.

Buchpublikationen

Schaukeln. Die kleine Kunst der Lebensfreude, 2023, Insel Verlag.
Heimat finden. Vom Leben in einer ungewissen Welt, 2021, Suhrkamp Taschenbuch.
Von der Kraft der Berührung, 2019, Insel-Bücherei.
Selbstfreundschaft. Wie das Leben leichter wird, 2018, Insel Verlag.
Vom Schenken und Beschenktwerden, 2017, Insel-Bücherei.
Das Leben verstehen. Von den Erfahrungen eines philosophischen Seelsorgers, 2016, Suhrkamp Taschenbuch.
Von den Freuden der Eltern und Großeltern, 2016, Insel-Bücherei.
Vom Nutzen der Feindschaft, 2015, Insel-Bücherei.
Sexout. Und die Kunst, neu anzufangen, 2015, Insel Verlag.
Vom Glück der Freundschaft, 2014, Insel-Bücherei.
Gelassenheit. Was wir gewinnen, wenn wir älter werden, 2014, Insel Verlag.
Dem Leben Sinn geben. Von der Lebenskunst im Umgang mit Anderen und der Welt, 2013, Suhrkamp Taschenbuch.
Unglücklich sein. Eine Ermutigung, 2012, Insel Verlag.
Liebe. Wie sie gelingt, Neuausgabe 2021, Insel Verlag. Ursprünglich: *Liebe. Warum sie so schwierig ist und wie sie dennoch gelingt*, 2011, Insel Verlag.

Die Liebe atmen lassen. Von der Lebenskunst im Umgang mit Anderen, Taschenbuchausgabe 2013. Ursprünglich: *Die Liebe neu erfinden*, 2010, Suhrkamp Verlag.

Ökologische Lebenskunst. Was jeder Einzelne für das Leben auf dem Planeten tun kann, 2008, Suhrkamp Taschenbuch.

Glück. Alles, was Sie darüber wissen müssen, und warum es nicht das Wichtigste im Leben ist, 2007, Insel Verlag.

Die Fülle des Lebens. 100 Fragmente des Glücks, 2006, Insel Taschenbuch.

Die Kunst der Balance. 100 Facetten der Lebenskunst, 2005, Insel Taschenbuch.

Mit sich selbst befreundet sein. Von der Lebenskunst im Umgang mit sich selbst, 2004, Suhrkamp Taschenbuch.

Schönes Leben? Einführung in die Lebenskunst, 2000, Suhrkamp Taschenbuch. Neue Ausgabe 2017, Suhrkamp Pocket.

Philosophie der Lebenskunst – Eine Grundlegung, 1998, Suhrkamp Taschenbuch Wissenschaft.

Was geht uns Deutschland an? Ein Essay, 1993, Edition Suhrkamp.

Auf der Suche nach einer neuen Lebenskunst, 1991, Suhrkamp Taschenbuch Wissenschaft.

Die Geburt der Philosophie im Garten der Lüste, 1987, Suhrkamp Taschenbuch.